SENTIERI

Sono già stati pubblicati nella collana Sentieri:

IL CANE CHE MI RUBÒ IL CUORE
di Michael Capuzzo e Teresa Banik Capuzzo

IL GATTO CHE MI RUBÒ IL CUORE
di Michael Capuzzo e Teresa Banik Capuzzo

AMORE DI CANE
di Renzo e Roberto Allegri

GLI ANIMALI LA MIA VITA
di Massimo Riboni

NOMI DI CANE
di Enrica Piolatto

NOMI DI GATTO
di Enrica Piolatto

CANI RIBELLI
di Valerie O'Farrell

UN FIOCCO DI NEVE NELLA MIA MANO
di Samantha Mooney

GATTI EROICI
di Eric Swanson

IL GATTO GIORNO PER GIORNO
di Roberto Allegri

LA MENTE DEL CANE
di Bruce Fogle

IL MONDO DEL GATTO
di S. Früh & U. Krawczyk

VITA DA GATTI
di Roberto Allegri

LE CONFESSIONI DI UN GATTO
di Robert de Laroche

GLI UMANI NON FANNO LE FUSA
di Tom Felini & H. M. Davenport

BLACKIE
di Stephen Downes

Quello che i gatti insegnano alle donne

A Mimì e Gatto

SABINE JANSEN-NÖLLENBURG

Quello che i gatti insegnano alle donne

GEO

ISBN 88-7216-099-5

Titolo originale dell'opera: *Frauenkatzen Katzenfrauen*
Traduzione di Anna Carbone

Via Valtellina, 63 - Milano
e-mail: armenia@armenia.it
sito web: http://www.armenia.it

Stampato da Grafiche Pioltello S.r.l.
per conto del Gruppo Editoriale Armenia S.p.A

Donna e gatto: una coppia affiatata

Le donne sono come i gatti: le si possono costringere a fare solo ciò che vogliono.

COLETTE

Anke era in cucina e stava tirando fuori l'arrosto dal forno quando udì come dal nulla un miagolio lamentevole. Andò alla finestra e vide sul davanzale, fra i vasi di gerani, un piccolo animaletto, magro, striato, e si commosse.

Anke trovava sempre molto carini gli animali dello zoo, ma avere un animale domestico suo era assolutamente fuori questione, con grande disappunto dei suoi figli. L'acquario di suo marito le dava già abbastanza da fare, questo era quello che pensava. Che però un essere a quattro zampe prima o poi venisse dritto a chiedere il suo aiuto non lo aveva proprio previsto. Per un po' cercò di ignorare quel pianto querulo, fino a che non le dette talmente sui nervi che fu costretta ad aprire la finestra della cucina e a prendere fra le braccia quel micino. L'animaletto si strinse a lei pieno di fiducia e iniziò subito a fare le fusa.

Da Twiggy (*Stecchino*) dopo un po', grazie alle sue buone cure, si trasformò in Mops (*Paffutella*). Mops trasformò Anke. Il suo amore per l'ordine in casa, che non ammetteva deroghe, e le sue opinioni un po' rigide sulla gente iniziarono a cambiare. Questo processo fu indiscutibilmente scatenato dalla sua nuova amica a quattro zampe. Anke sentiva come con il passare del tempo si facesse sempre più «tenera» grazie all'affetto incorruttibile e alla completa fiducia del gatto.

«In un certo senso, Mopsi mi ha resa più rilassata. Può sembrare pazzesco, ma con la sua caparbietà, con la sua capacità di imporsi ma anche di adattarsi, questa gatta mi ha dato un'idea di come io come donna possa seguire un mio cammino di coerenza senza rinunciare alla tolleranza», racconta oggi ridendo. «Mi ha motivata a riflettere su di me e sulla mia vita». Così le qualità del suo gatto sono diventate per Anke il simbolo di una femminilità vissuta in positivo.

Rita aveva sempre amato i gatti, ma non voleva averne uno suo. Come donna impegnata sul lavoro, che quasi non aveva tempo per una vita privata, gestire un animale domestico era per lei praticamente impossibile. Durante una vacanza a Ibiza si divertì moltissimo a occuparsi di una gatta che veniva a trovarla tutti i giorni nel suo bungalow sulla spiaggia. Arrivò addirittura a condividere il suo letto con quel felino bianco e nero.

Un giorno quella sua conoscente incontrata in vacanza depose ai suoi piedi un micino ancora umido. La gatta bianconera era diventata mamma. Rita si preoccupò di quello che sarebbe accaduto a mamma e piccolo quando dieci giorni dopo sarebbero finite le sue ferie e ne parlò con il proprietario del bungalow. Questi la ringraziò dell'informazione e promise che sarebbe andato a prendere il piccolo quello stesso giorno per affogarlo.

Rita ne rimase inorridita. Si mise in contatto con un veterinario, con le autorità doganali tedesche e con la compagnia di volo, in modo da poter portare a casa con sé mamma e piccolo. Là avrebbe trovato un bel posticino per tutti e due, pensò. E rimase di questa idea per molti mesi ancora, fino a che le fu chiaro: non si sarebbe mai separata da nessuno dei due. Perché i due mici fossero ben accuditi mentre Rita era al lavoro, assunse una governante.

Monika fa la giornalista e doveva scrivere per la redazione locale un articolo sul canile della sua cittadina. Che la cosa non sarebbe rimasta senza conseguenze mi fu subito chiaro non appena me ne parlò e mi chiese, in qualità di esperta di gatti, di che cosa si dovesse preoccupare in particolare nel suo resoconto. Conoscevo Monika abbastanza bene e sapevo della sua indole compassionevole. Perciò le diedi il consiglio di scrivere come al solito, ma di proteggersi il cuore con una sorta di corazza prima di affrontare il suo compito.

Dopo il suo articolo, mi chiamò e mi invitò a passare subito da lei. Avevo già una vaga idea di quello che mi aspettava. Nascosto sotto il divano di Monika stava tutto tremante un gatto rosso con grandi occhioni gialli e la coda mozzata. I dipendenti del canile avevano raccontato a Monika che questo poveretto non avrebbe mai trovato un padrone a causa del suo aspetto.

Sono ormai due anni che i due vivono insieme. Monika racconta orgogliosa a chiunque abbia voglia o meno di ascoltarla che non ha mai conosciuto un uomo così devoto come il suo gatto Tom. Le piace non essere da sola quando la sera ritorna a casa dal lavoro, essere accolta con gioia e poi andarsene a letto accanto a un Tom che fa le fusa e non russa.

Perché queste tre donne hanno preso questa decisione? Sapevano istintivamente che occuparsi di un gatto sarebbe stata la cosa giusta per loro? Sentivano che era giunto il momento giusto per un compagno o una compagna a quattro zampe? Oppure sono state così sopraffatte dalla loro disponibilità, da un istinto materno di cura e di protezione, da un senso di responsabilità o qualcosa del genere, da non poter fare altro se non dare una casa a quei gatti?

E, tuttavia, sembra che le motivazioni non siano poi così importanti. La cosa interessante è che tutte e tre le donne abbiano vissuto l'incontro con il felino come un arricchimento e che grazie a esso abbiano imparato qualcosa su se stesse: sul loro bisogno di indipendenza, ma anche di intimità, sulla loro caparbietà nella vita e su una forma particolare di vita di coppia.

Dei gatti domestici si occupano in prevalenza donne. E come la loro vita di donne è diversa, così sono diversi anche i loro rapporti con i loro compagni a quattro zampe. Ma in una cosa tutte le donne che hanno un gatto si assomigliano: il rapporto fra loro e il loro compagno è qualcosa di speciale, un'affinità spirituale, unica e incomparabile.

Gatti di donna, donne di gatto

Nelle regioni agricole del Portogallo, da generazioni le madri raccontano alle loro figlie la loro versione della nascita della donna. Secondo questa leggenda, Eva non sarebbe nata da una costola di Adamo, bensì dalla coda di un gatto. Questi sarebbe saltato sulla mano di Dio mentre era sul punto di creare Eva dalla costola di Adamo.

L'animale si sarebbe preso l'osso che Dio aveva appena tolto ad Adamo e avrebbe voluto scappare con il suo bottino. Ma all'ultimo momento Dio avrebbe afferrato la coda del gatto. L'avrebbe tenuta così stretta che questa si sarebbe staccata. Da essa l'Onnipotente avrebbe creato Eva. Non servendogli più la costola, l'avrebbe restituita ad Adamo.

Le donne portoghesi perciò si mettono a ridere quando sentono raccontare la storia della nascita della donna dalla costola di Adamo.

Le donne africane, poi, sanno perché i gatti si sentono così attratti verso di loro. Fra di loro circola questa storiella:

Vi era una volta in un bosco africano una gattina che si sentiva assai sola. Così si aggregò alla regina dei felini, una leonessa, sotto la cui protezione si sentiva al sicuro, e si cibava dei resti delle sue vittime.

La cosa andò avanti per un bel po', fino a che vennero dei cacciatori che uccisero la leonessa. Della gatta i cacciatori non si curarono. Essa però sentì che da lì a poco sarebbe giunto il momento di dare alla luce i suoi piccoli. Così seguì gli uomini, perché voleva rimanere sotto la loro protezione.

Cauta com'era, essa si nascose subito nel villaggio dietro la prima capanna. Là, poco dopo, sentì un forte grido. Uno dei cacciatori scappava di casa mentre la moglie lo inseguiva in collera, imprecando.

Vedendo ciò, la gatta pensò fra sé e sé: «Se questa bipede è più potente del bipede che ha ucciso la leonessa, rimarrò presso di lei».

Così i gatti uscirono dal bosco e si riversarono nei villaggi, dalle donne.

Un'affinità spirituale

Due anime risiedono dentro di me,
in lotta fra di loro,
vogliono calma, tenerezza
e amore,
vogliono libertà, assenza di confini
e gioia.
Vogliono essere come te,
che dai calma, e amore
e tenerezza
e tuttavia
godi la libertà,
superi i confini
e conosci la gioia.

Angela Eschmann

Le donne hanno molto in comune con i gatti, perciò non stupisce che moltissime donne proprietarie di gatti provino una sorta di affinità spirituale con i loro compagni a quattro zampe. Due amiche intime si assomigliano sotto molti versi, mentre per altri aspetti possono essere assai differenti. Proprio questo è il bello di un'amicizia fra donne e anche del legame fra donna e gatto. Nel reciproco dare e ricevere di una buona e sana amicizia si stabilisce un certo equilibrio, che viene determinato non con calcoli percentuali, bensì dalle necessità e dalle attenzioni. Una volta è uno dei due a dare un po' di più, e una volta è l'altro. E all'amicizia con il gatto spesso può prendere parte anche una buona amica. Viene accolta nella comunità. Così molte donne creano un regolare «rituale fra amiche» in cui anche il loro gatto ha un suo ruolo. La mia amica e io, ad esempio, ogni venerdì pomeriggio ci raccontiamo tutte le cose che ci sono successe nel corso della settimana. A volte ci limitiamo a fare quattro chiacchiere. Per fortuna non sempre accadono cose dell'altro mondo. Talvolta partecipa brevemente anche mio marito, in fondo non siamo così misantrope. Ma dopo un po' è ben contento di lasciare libero il campo.

La mia gatta Mimì invece, in passato, durante i nostri incontri si acciambellava tranquillamente su di una sedia accanto alla mia amica. Sebbene lei sia più amante dei cani che dei gatti, pianse con me quando la mia Mimì morì. Capiva quanto questa gatta fosse importante per me e quanto stretto fosse il nostro legame senza che io avessi bisogno di spiegarglielo.

Lo so che il fatto può sembrare assurdo: Mimì e io potevamo comunicare mentalmente fra di noi, accettare le nostre diversità e sentirci vicine. Con il suo temperamento rappresentava per me un vero modello. Non era mai capricciosa, sebbene sia questo che si pensa dei gatti, con lei io mi sentivo sempre serena. Il cibo era la sua vera passione, in questo non eravamo così diverse e, sebbene in linea di principio io sia contraria a dare da mangiare ai gatti il cibo in tavola, Mimì e io abbiamo condiviso ogni sorta di prelibatezza, dal caviale ai gamberetti fino al petto d'anatra tenero e croccante. Le piacevano le stesse cose che piacciono a me. Ed era simile a me anche nelle inclinazioni. Se io provavo simpatia per una persona, anche lei le si mostrava cordiale. Se non la potevo sopportare, la osservava con sovrano distacco e si dimostrava estremamente critica e arrogante. La mia amatissima insegnante di tedesco, una donna molto orgogliosa per i suoi tempi, che influenzò moltissimo le mie compagne e me e che noi ammiravamo incondizionatamente, una volta ci spiegò il concetto di arroganza come «sapere più degli altri e dimostrarlo». In questo senso io vedevo nel comportamento di Mimì un discreto ammonimento e, se lei inviava segnali di freddezza, stavo sempre un po' sulle mie.

Non che io preferissi Mimì e che quindi trascurassi gli altri miei gatti. Semplicemente, lei aveva un ruolo particolare nella mia vita, perché per me era un modello per certe cose, e per certe altre eravamo molto simili.

La psicologa austriaca Helene Karmasin ha scoperto in un suo studio sulle donne e i gatti che le caratteristiche che si ascrivono ai gatti sono anche quelle che le donne riconoscono volentieri in se stesse: «Mi riferisco all'ideale di bellezza degli occhi grandi e del naso piccolo, come anche a qualità di carattere: i gatti sono esseri del tutto indipendenti e autonomi con una spiccata individualità e autosufficienza. Fanno una cosa perché ne hanno voglia, non perché qualcuno glielo chieda. E qui incarnano un ideale centrale delle donne che per lo più la realtà non permette loro», conclude la psicologa, dichiarando le donne e i gatti spiritualmente affini.

Molte donne da me intervistate sul loro particolare rapporto con il loro gatto usavano l'espressione «affinità spirituale» e annuivano concordi ed entusiaste quando la riferivano al loro gatto. Tuttavia, non riuscivano a descrivere questa sensazione in modo che i non iniziati potessero comprenderla.

Lo spirito è qualcosa di invisibile. E molto di ciò che l'uomo non può vedere è per lui incomprensibile, misterioso o mistico. Nell'arte greca lo spirito, o psiche, veniva raffigurato come un essere alato. Se ci piace una certa persona, il nostro amore e l'innamoramento mettono letteralmente le ali al nostro spirito.

In passato, gli uomini di alcune civiltà credevano che un corpo potesse ospitare diverse anime. I cristiani credono di possedere solo un'unica anima. Molti uomini indicano il cuore, altri il capo, se viene chiesto loro quale sia la sede della loro anima. Un'affinità spirituale è dunque un legame influenzato dalla ragione e dal sentimento, quindi dal cuore (inteso in senso non strettamente medico). Secondo il dizionario, affinità spirituale significa «concordanza di sentimenti». Siamo noi a sentire come il nostro gatto, o è lui a provare quello che sentiamo noi? Possiamo accettare opinioni differenti. A questo proposito, il gatto sembra tuttavia essere più sensibile di noi, che spesso siamo distratti e non sempre aperti ai sottili segnali inviati dall'animale.

Per l'attrice americana Victoria Principal, il rapporto con il suo gatto è la migliore terapia contro lo stress: «Quando lo accarezzo, mi calmo. Ho la sensazione di accarezzare la mia anima».

Non ho ancora sentito nessuna donna che abbia vissuto un legame particolare, dal punto di vista energetico, con un gatto ancora giovane. La cosa non mi sorprende, perché un micio non ha ancora un carattere ben delineato. È ancora influenzabile dalla sua proprietaria e dall'ambiente che lo circonda. Questa intimità speciale fra donna e gatto si sviluppa solo nella vita in comune. Con un'aspettativa di vita di sedici-diciotto anni, il gatto accompagna la sua padrona in diverse fasi dell'esistenza. Vivono insieme gli alti e i bassi senza sviluppare altri modelli di comportamento e mentalità e quindi senza allontanarsi fra di loro, come accade sovente nei rapporti umani.

Se vi guardate un po' indietro e passate in rivista il vostro passato, sicuramente troverete una qualche amica che vi ha accompagnate per un tratto e con cui oggi non avete più alcun contatto. Forse la vostra evoluzione personale è andata in direzione diversa e non vi siete più comprese intimamente, forse è stata la grande distanza che vi separa, o forse semplicemente non c'era più quella scintilla e non avevate più niente da dirvi. Forse avete anche rotto i rapporti con un'amica perché lei vi ha molto deluse. Nella vita in comune con il gatto, le donne non devono aspettarsi o temere niente del genere. Certo: il vostro gatto dipende da voi. Eppure il vostro micio, purché voi vi comportiate correttamente con lui, rimane dalla vostra parte senza criticarvi. È un ascoltatore perfetto, capisce a meraviglia, sa consolare, non è geloso del vostro aspetto e non vi invidia né il successo né i beni materiali. E poi è sempre lì per voi quando ne avete bisogno.

Alcune donne raccontano che nei loro dialoghi i loro compagni a quattro zampe spesso assumerebbero il ruolo della loro coscienza e che nel colloquio non verbale indicherebbero simbolicamente con la zampa quello che c'è di sbagliato. Se in questi casi si tratti di una sorta di comunicazione telepatica o se il gatto regali alla donna la calma e la tranquillità a lei necessarie per prendere una decisione, qui non è significativo. Certamente anche voi potrete rammentare situazioni in cui voi e una persona a voi vicina avete pensato esattamente la stessa cosa. Senza che nessuno dei due abbia detto niente, si è avuta una specie di trasmissione del pensiero.

Perché il gatto, il cui linguaggio purtroppo non sempre riusciamo a comprendere, sebbene il repertorio di versi di questo animale sia vasto quasi quanto quello dell'uomo, non dovrebbe sfruttare questa forma di «comunicazione»? Il gatto, se si sviluppa un'affinità spirituale con lui, è legato ai nostri pensieri. È un fenomeno che oggi non si può ancora dimostrare scientificamente. La scienza moderna tuttavia ci dimostra che non tutto può essere spiegato secondo il principio di causa ed effetto.

Chi dovesse trovare questo discorso un po' troppo esoterico, potrà comunque confermare che i gatti sono perfettamente in grado di percepire i nostri stati d'animo. Senza dubbio gli animali si orientano in base a ciò che hanno appreso e alle loro esperienze nel loro rapporto con noi. Conoscono il linguaggio del nostro corpo e capiscono dal nostro tono di voce quando siamo allegri, rilassati o tristi. Perciò sono in grado di stabilire nessi e di tirare conclusioni. Chi ci conosce e ci sa valutare così bene non può che essere nostro affine nei sentimenti e nei pensieri.

Tale il gatto tale la donna?

Il gatto ha una natura estremamente mutevole. Da un lato è mansueto, affezionato e affettuoso. Proprio un vero tenerone. Si strofina contro le gambe della sua padrona, le si accoccola in grembo facendo le fusa, la ama incondizionatamente e tuttavia sa fissare dei limiti. Se c'è qualcosa che non gli va, allora non gli va, e nel suo modo così caratteristico è perfettamente in grado di dire di no.

Un gatto accetta la tenerezza solamente quando ne ha voglia e dà amore a sua volta solo se gli va. Anche nel caso dell'accoppiamento controllato, è la gatta a decidere quando è venuto il momento giusto e, quando in natura due gatti litigano per lei, è perfettamente possibile che una volta concluso il loro contrasto lei si rivolga al perdente. Quando le gatte hanno libera scelta, di solito si ha la sensazione che cambino più spesso il loro compagno. Ma dall'allevamento dei gatti è anche noto che esistono gatte che sono fedeli e «monogame» con il compagno del loro cuore e che non si lasciano avvicinare da nessun altro.

Quante volte invece le donne fanno cose che in realtà non vogliono? Le donne sono costrette nelle strutture di una società che vuole sempre dar loro a intendere che esse debbano essere più di ogni altra cosa distinte, servizievoli e buone. Nella loro educazione imparano prima di tutto che di solito la capacità di adattamento porta al successo. Perciò non deve stupire che molte donne ancora oggi abbiano grosse difficoltà a imporre i propri desideri e i propri bisogni, perfino quando sono consapevoli di questa problematica. Nel lavoro come nella vita privata, non di rado le donne fanno cose che disapprovano solo per compiacere gli altri. Per esempio, in alcuni casi si sottopongono al contatto fisico con un'altra persona senza averne voglia.

Anche le donne che vivono la loro vita in piena consapevolezza devono sottomettersi ogni giorno a determinate regole. Il loro rispetto facilita i rapporti interpersonali, e spesso è necessario osservarle per mantenere relazioni armoniose in tutti i campi. Anche i gatti vivono in società con altri compagni seguendo un preciso galateo felino, così da evitare conflitti. E, tuttavia, spesso si comportano nei nostri confronti più liberamente di molte donne, che si sottomettono a tal punto alla ricerca di armonia da mettere da parte le proprie necessità. Secondo l'opinione del sociologo inglese Michael Fox, nella civiltà l'uomo ha perso la propria indipendenza: «È diventato prigioniero del conformismo. Nelle morse dell'adattamento, invece, il gatto è un pezzetto di libertà». Il gatto agisce secondo il proprio volere, se l'ambiente gliene lascia l'opportunità. Sì, per amor di pace si lascia allevare e con un addestramento adeguato, che lo diverta, si lascia anche condizionare, ma mai addomesticare.

Forse il gatto restituisce all'uomo, e soprattutto alla donna, un frammento di quella libertà a cui tanto aneliamo. Nella vita con il gatto possiamo essere sempre liberi, senza badare alle convenzioni. Il gatto ci accetta per quello che siamo.

Le donne non vengono paragonate ai gatti solamente per quanto riguarda la loro natura, ma anche relativamente all'aspetto fisico. Spesso oggi le donne non hanno più voglia di essere mistiche e misteriose nei confronti degli uomini per mantenere vivo il loro interesse nei propri confronti. Molto più spesso danno importanza a una relazione onesta in cui possano sentirsi così a loro agio come sono realmente. Anche qui il gatto può essere visto come un modello per le donne, perché questo animale è veramente impenetrabile solo per quelle persone che non ne comprendono la natura e non lo amano.

Nelle diverse fasi della vita, le donne devono ricoprire ruoli diversi, con i quali non sempre possono o vogliono identificarsi. Più di una volta si chiedono se una certa strada sia quella giusta. In molti casi ciò le porta a interpretare i tarocchi o a interrogare il futuro, che invece loro stesse potrebbero determinare in larga misura, e a cercare il senso della loro vita ricorrendo a numerosissimi consulenti. E, tuttavia, non per questo motivo le donne sono insicure di natura. Spesso il loro comportamento dipende da una grandissima sensibilità e dal desiderio di crescere e di cambiare, oltre che di trovare forme soddisfacenti di esistenza.

I gatti si comportano con molta autocoscienza nei confronti di noi uomini, anche se scientificamente non si è ancora chiarito se i gatti dispongano veramente di quella che noi uomini chiamiamo coscienza. Una donna che condivide la sua vita con un gatto è affascinata dalla sicurezza che viene emanata da questo animale, sebbene in particolare i gatti di appartamento, per quanto riguarda il nutrimento, l'alloggio e il mantenimento, dipendano completamente dal loro padrone o dalla loro padrona.

Per la caparbietà e la mansuetudine, il gatto è al tempo stesso dotato delle qualità di un piccolo ladruncolo e se necessario può comportarsi nel modo più aggressivo. Anche le donne, perfino le più conformiste, ne sono perfettamente capaci. Come reagirebbe ad esempio una madre se qualcuno minacciasse suo figlio? Si metterebbe davanti a lui per proteggerlo e lotterebbe come una leonessa per la sua prole. La paura sarebbe inferiore alla necessità di difendere ciò che dipende da lei e che le appartiene. Le donne non sono fondamentalmente timide e paurose, bensì hanno dimostrato nell'arco di generazioni quanto sappiano essere coraggiose e audaci in caso di bisogno.

Come cacciatori, i gatti sono osservatori di prima scelta. Avere una buona sensibilità è per un gatto che viva libero una questione di sopravvivenza. Questa capacità si può riscontrare anche nella maggior parte dei gatti di appartamento, che non devono confrontarsi con la lotta per la sopravvivenza, spesso brutale, della vita libera.

Anche le donne devono essere buone osservatrici e saper valutare le situazioni con sensibilità. Il paragone però qui zoppica un po', perché le donne nella nostra società spesso non sono tanto le cacciatrici, quanto piuttosto le prede.

Fra individualismo e adattamento

Se si chiede a una donna come sta, di solito risponderà: «Bene, grazie», anche se questo non corrisponde minimamente alla realtà. In questo le donne non si distinguono affatto dalla maggior parte degli uomini. Ma le donne si aspettano spesso da chi sta di fronte a loro che noti attentamente se sono allegre o tristi. Invece, non sempre il loro interlocutore ha la tranquillità di immedesimarsi nell'altro, e spesso questo è chiedergli troppo. Quanto sarebbe più sano per le donne e quante necessità potrebbero soddisfare meglio e più in fretta se potessero trovare comprensione e attenzione quando ne hanno bisogno!

Quando la mia adorata gatta Mimì morì, poco dopo suonarono alla porta di casa. Aprii e dissi fra le lacrime alla donna della parrocchia che mi stava davanti che non potevo parlare con lei perché ero troppo addolorata. Al che lei mi rispose spontaneamente: «Che bello che lei non sia il tipo da fingere! La maggior parte della gente usa nascondere i propri sentimenti».

Il gatto non nasconde dietro una facciata la propria natura. Non ha nemmeno bisogno di «assembrarsi» con altri felini per essere coraggioso. Piuttosto lega con compagni amicizie disinteressate oppure stringe un'alleanza per interesse, per esempio per allevare la prole, associandosi ad altre madri. Fondamentalmente rimane fedele non soltanto nei confronti dell'uomo, ma anche a se stesso. Tuttavia, sa adattarsi alle varie situazioni, se necessario.

Esprimere la propria individualità presuppone poi il dono di sapersi accettare per quello che si è. Invece ci sono sempre donne che hanno un'immagine negativa di sé, che si amano, si rispettano e si fidano troppo poco di se stesse. Il gatto può fungere da modello per quelle che vogliono esprimersi come sono e che vorrebbero accettare anche gli altri con tutte le loro caratteristiche senza cercare di cambiarli. Perché il nostro micio ci ama, sia che siamo audaci o pavidi, belli o brutti, poveri o ricchi. Si lascia allevare eppure oppone resistenza contro chi cerca di soffocarlo. È ben vero che la padrona del gatto stabilisce lo spazio vitale e buona parte dei ritmi quotidiani del gatto fungendo da «capobranco», ma il rapporto fra i due viene fissato da strutture democratiche.

Fra gli uomini non è sempre così. Un esempio di eccezione a questa regola è rappresentato dalle scalatrici Monica Jackson, Elizabeth Stark ed Evelyn Camrass, che sono passate alla storia come le appartenenti alla prima spedizione femminile sull'Himalaya nel 1955: «Non ci appariva necessario scegliere una di noi come capospedizione, perché abbiamo tutte quante personalità molto individuali e quindi abbiamo forse collaborato meglio a un livello di parità che non se una di noi avesse assunto la direzione. Nella maggior parte delle questioni inerenti la spedizione eravamo dello stesso parere e per le decisioni da prendere ci accordavamo sempre». Queste donne, messe alla prova, hanno dimostrato di poter fare grandi cose senza che una comandasse sulle altre. Di tanto in tanto non si può evitare un adattamento per rendere armoniosi i rapporti con gli altri. Ma il compromesso non deve essere scambiato con la rinuncia a se stessi.

«I gatti sono intelligenti. Le donne anche. Questo è un legame fra di loro». Lo afferma l'esperta di gatti Christina Klinka, che trova in questo il principale punto in comune fra donna e gatto. «Il legame fra il "mistero gatto" e le donne è stato però forzato fondamentalmente dall'uomo», prosegue Klinka, «e ricorda in modo impressionante il luogo comune, basato anch'esso sulla medesima logica incredibile, sulle donne al volante. Gli uomini hanno dovuto passare molto tempo a crearsi il loro ruolo di forza e autorità, al quale si adattava solo una natura capace di sopportare e disposta a occupare il secondo posto. Le donne e i gatti in questo contesto non di rado si sono dimostrati ribelli e perciò non sono particolarmente adatti come portatori d'acqua».

«Il gatto non si può conoscere se ci si limita a dividere la casa con lui e per il resto lo si lascia andare per la sua strada», scrive Ulla Schultz-Roth. «A un gatto si deve dedicare tutto il cuore, solo così si può capire se si appartiene alla vasta cerchia degli amanti dei gatti oppure se non si è pronti per condividere la loro amicizia. L'amore per il gatto esige di più della simpatia per un cane. Esige una grande capacità di dominarsi, che non è da tutti». Come il gatto, anche la donna non di rado desidera essere compresa e amata. Ma riprendiamo l'affermazione e cambiamo qualche parola. Allora apparirà subito chiaro perché sia le donne sia i gatti vengano identificati come soggetti imperscrutabili: una donna non si può conoscere se ci si limita a dividere la casa con lei e per il resto la si lascia andare per la sua strada (ciò significa pretendere che lei si occupi delle faccende di casa, e per il resto non curarsi di lei). A una donna si deve dedicare tutto il cuore, solo così si può capire se si appartiene alla vasta cerchia degli amanti delle donne oppure se non si è pronti per condividere la loro amicizia. L'amore per la donna esige di più della simpatia per un cane (per il lavoro, per la squadra di calcio, per la macchina). Esige una grande capacità di dominarsi, che non è da tutti.

Dio li fa e poi li accoppia

Molte donne si sentono attratte verso i gatti anche per il loro aspetto fisico. In molti casi il gatto può diventare lo specchio dei desideri del proprio essere. Il corpo del gatto è in genere slanciato, snello e muscoloso, i suoi movimenti sono leggiadri, agili ed eleganti. Gli occhi del gatto sono a forma di mandorla o rotondi e di colori da sogno, e il suo mantello può risplendere di mille tonalità.

Non è insolito che il modo di muoversi delle modelle sulle passerelle dei principali atelier di moda venga definito «felino». Ma quanto devono faticare per mantenere la linea! Rinunciare ai dolci secondo una dieta molto ferrea, fare sport anche quando vorrebbero starsene sprofondate sul divano fino a che non sono madide di sudore, vestirsi sempre, se non secondo l'ultima moda, per lo meno nel modo più personale possibile, truccarsi gli occhi da gatto con la matita e dipingersi una seducente bocca da bacio e molto altro ancora, e solo per corrispondere a una data immagine di bellezza che anche gli uomini associano facilmente ai gatti.

L'identità femminile sembra manifestarsi in gran parte come non mai con l'immagine esteriore e la bellezza. Le donne che gli uomini definiscono brutte per lo più vengono anche considerate frigide. L'interesse per la bellezza, che deve sempre essere vista in concomitanza con l'attrattiva sessuale, cioè con la presenza fisica, dimostra in quale dilemma oggi si dibattano le donne. I loro modelli interiori di bellezza o bruttezza dipendono dalla cultura e dalle strutture sociali in cui vivono.

Per esempio, nel mondo sviluppato le donne devono essere per lo più snelle, in fondo vi è cibo in abbondanza e le donne, se vogliono, possono rinunciare consapevolmente ad alimenti ipercalorici. Le donne magre dimostrano inoltre di non aver bisogno di dedicarsi a duri lavori fisici. Sono quindi un simbolo di benessere. Nelle regioni più povere di questo mondo, in cui spesso le donne lottano per la semplice sopravvivenza, è più probabile che venga considerata attraente una figura più rotonda. Anche qui il tipo di corporatura e il modo in cui essa viene accolta è un simbolo di ricchezza e distingue le donne agiate da quelle povere.

Il bello poi per lo più è perfetto. Le differenze rispetto alla norma, se le proporzioni non sono armoniose e simmetriche, non sono ritenute attraenti né dall'uomo né degli animali. I gatti, che sono stati risparmiati da una selezione estrema nell'allevamento, si distinguono quasi sempre per una bellezza armoniosa, perché la natura si occupa da sola della faccenda in modo equilibrato.

Se le donne possono aiutare un po' il proprio aspetto, a volte questo è per loro un gran divertimento, ma talvolta trovano tutta questa fatica fastidiosa. Per fortuna però vi sono donne che sanno ridere di sé, quando sono innamorate e stanno per incontrare l'uomo del loro cuore. Allora in tutto l'armadio strapieno non vi è un solo abito in cui si sentano veramente «al massimo», e nonostante un taglio perfetto i loro capelli sembrano acquisire una vita propria. Ma devono esistere anche donne che vedono una scena del genere come qualcosa di stupido e che appaiono sempre, non solo di mattina appena sveglie, come il buon Dio le ha fatte. Ma le conosco solo per sentito dire.

Se i gatti osservano le loro padrone durante queste operazioni di «restauro», si divertono molto a questi attivi esercizi di bellezza. In un giallo dell'amica dei gatti Rita Mae Brown, la gatta tigrata grigia Mrs. Murphy e il cane Tee Tucker seguono divertiti la ricerca da parte della protagonista Marry Minor

Haristeen, detta Harry, di un reggiseno da indossare per il suo ormai prossimo appuntamento con l'ex marito. Tucker osserva divertito come sarebbe bello se anche Mrs. Murphy indossasse qualcosa di così «carino».

Negli Stati Uniti e in Russia si organizzano gare in cui le donne si fanno eleggere migliore coppia con il loro gatto. Non vi è nulla da obiettare poi se le donne decidono di vestirsi come gatti. A carnevale, il mio costume preferito è un vecchio paio di pantaloni tigrati. Tuttavia, le donne che mascherano il loro compagno a quattro zampe con lo stesso abbigliamento umano scelto per se stesse, cosa non insolita nelle competizioni, non sono poi delle personcine così eleganti. I primi tentativi fatti in Germania a questo riguardo per fortuna non sono stati coronati da successo. Negli animali domestici c'è già fin troppa umanizzazione.

Il paragone diretto fra donna e gatto è attuale soprattutto nel tema della bellezza, per lo meno secondo il parere di molti uomini, come il poeta Giovanni Rajeberti: «La bellezza della gatta è complessa quanto quella della donna. Accontenta ogni gusto. C'è la slanciata e la paffutella, la candida e la castana, la bionda e infine la tigrata, seducente e spiritosa, come se fosse stata dipinta da un artista raffinato. Tutte sono gioielli di natura. E quale segreto di bellezza si nasconde dietro a tutte queste attrattive? Proprio questo è lo straordinario. Non un trucco della moda, non uno specchio, non un belletto: un po' di bava e una lingua, questo è tutto il segreto. Quanto ai mariti, che quasi non si sanno difendere dai conti infiniti delle sarte, dei parrucchieri, dei cappellai e degli orefici, rispettano il gatto come modello supremo di semplicità e di risparmio». È probabile che quando scrisse queste righe fosse in collera con la moglie per qualche spesa di troppo.

È noto che gli opposti si attraggono. Così ci sono donne che vivono felici al grido di: «Sono grassa, e allora?» e tuttavia ammirano la figura slanciata del loro siamese. Di tanto in tanto nelle esposizioni feline si possono vedere compagne a due gambe assai corpulente con gatti siamesi fin troppo magri, seguendo la moda dei felini domestici degli ultimi anni, tanto che viene necessariamente da chiedersi se questi mici così magri non siano destinati a diventare una Claudia Schiffer a quattro zampe.

I miei gatti, sia detto solo fra parentesi, secondo il parere di alcune amiche dei gatti sono un po' troppo «tombolotti». Dato che anche io non sono contraria a una bella tavola, tutto deve essere perfetto anche per i miei cari. Perciò sono anche una zelante acquirente dei prodotti per gatti e non bado a spese per mettere nel piatto o, meglio, nella ciotola dei miei amici solo il cibo più raffinato. Di tanto in tanto dopo queste spese generose mio marito mi confessa che anche lui vorrebbe gustare qualche leccornia, ma non ne vuole sapere di assaggiare il cibo per gatti, anche se i nostri mici ne sembrano così entusiasti. È affascinante vedere quanto donna e gatto dopo qualche anno di vita in comune si assomiglino fisicamente. Perciò io faccio sempre grande attenzione che tutti i miei gatti siano davvero carini, perché chissà in che modo potranno influire sul mio aspetto. Della scelta del compagno è noto che spesso si trovano insieme persone che, a prescindere dal «valore di mercato», si assomigliano esteriormente. È probabile che ci si fidi di più di qualcuno che rispecchia in piccolo la propria natura.

E questo spiegherebbe anche, per fare solo un esempio, perché le donne che hanno un nasino da Barbie scelgano per lo più un gatto persiano con un musetto minuscolo, mentre donne con un organo olfattivo più pronunciato scelgano invece un gatto Norvegese delle Foreste con un muso lungo e diritto. I miei studi al riguardo non hanno però ancora delle controprove scientifiche.

Può essere davvero divertente mettersi un giorno davanti allo specchio con il proprio micio e tracciare paralleli o notare le differenze più notevoli. Su Internet ci sono già giochi fotografici in cui il viso di una donna si trasforma in quello di un gatto.

Zampe di velluto
per tutte le situazioni
di vita femminili

Il gatto è per le donne un animale domestico con cui si può vivere bene e il cui acquisto, a meno che non si tratti di un gatto di razza, non costa molto. Che una donna viva da sola o in coppia, che sia madre, che abbia un'occupazione, che sia più o meno giovane, tutto questo poco importa. È ovvio che al momento della scelta del gatto occorre riflettere se l'animale sia adatto alla propria organizzazione di vita, così che in seguito non sorgano problemi nella vita in comune e il rapporto armonioso e sereno non rimanga un sogno. Le amiche dei gatti prive di esperienza dovrebbero leggere qualcosa al riguardo e scambiare opinioni con altre donne proprietarie di felini.

Quando una donna adulta si mette alla ricerca di un gatto, tutti gli elementi devono combaciare. Se la donna non è cresciuta insieme a un animale, facilmente vorrà soddisfare in ritardo il suo sogno infantile di avere un gatto proprio, come è accaduto a questa signora: «Quando ero ancora piccola, di tanto in tanto mio padre portava a casa dal negozio in cui lavorava un gattino che tenevamo per un giorno. Io ero sempre molto triste quando lui lo riportava via, anche se comprendevo che sua madre doveva sentire la sua mancanza. Anche in vacanza c'erano sempre alcuni micetti che mi affascinavano e a cui procuravo del cibo. Allora non mi era concesso di avere un gatto mio, perché i miei genitori condividevano l'opinione allora assai diffusa che un gatto non viva bene in un appartamento. Invidiavo moltissimo tutte le mie amiche che avevano un gatto o un cane loro, e decisi fin da allora che una volta diventata adulta mi sarei comprata un gatto. Oggi in casa nostra scorrazzano cinque gatti». Le ragazze che sono cresciute con un gatto per lo più vivono da subito questa amicizia come qualcosa di positivo. Il gatto non pretende da un bambino un comportamento corretto, al contrario del mondo degli adulti. Finché viene trattato bene, lo ama ed è per lui un esempio di consapevolezza, di caparbietà e di devozione, tutte qualità che molte donne vorrebbero avere in questa combinazione.

Secondo l'*Enciclopedia felina Meyer*, nel corso di uno studio sono stati intervistati quattromila ragazzi fra gli otto e i sedici anni a cui è stato chiesto quale animale avrebbero voluto essere. Il diciotto per cento delle ragazze ha scelto il gatto, mentre fra i maschi la percentuale si è attestata sul sette. Perciò, il gatto offre una possibilità di identificazione non soltanto alle donne adulte, ma anche alle ragazze. E, tuttavia, anche oggi le ragazze devono imparare a corrispondere a un determinato ruolo. Se se ne discostano, trovano grosse difficoltà. Se seguono caparbiamente la loro strada come fanno i maschi, spesso vengono non soltanto represse da genitori e insegnanti, ma nel peggiore dei casi vengono prese in giro se non addirittura angariate dai compagni e dagli amici, a meno che non facciano parte di una compagnia femminile piuttosto forte. Un gatto può rafforzare la consapevolezza di sé e la determinazione di una ragazza.

Nel rapporto con un gatto anche le premure possono essere vissute ed «esercitate» bene, perché il gatto le accetta con gratitudine e gioia immediate. Assumersi una responsabilità e trovarlo piacevole è una cosa che una ragazza può imparare in modo divertente. Nel mondo fantastico di molte ragazze, il gatto diventa un compagno fedele, coraggioso e anche consolatore.

Nella pubertà, un periodo in cui cresce anche la distanza fisica nei confronti dei genitori e l'intimità delle prime esperienze con un compagno è ancora contrassegnata dall'insicurezza, il gatto offre alla donna in crescita un tenero contatto fisico che non crea paura. È un confidente a cui si può raccontare tutto ciò che si ha dentro.

Ci sono moltissime altre ragioni per cui una donna decide di procurarsi un amico a quattro zampe. Spesso avviene che nella cerchia degli amici o dei conoscenti venga accolto un gatto che gode ovunque di grande ammirazione. Se una donna mostra quanto piacere le porti la vita a due con il suo gatto, il desiderio di averne uno spesso si diffonde anche fra le sue amiche.

Sola senza essere sola

Anche una donna che ama la sua vita da single ogni tanto si sente sola. Ci sono giorni in cui avverte in particolare il bisogno di un compagno con cui parlare. Il giorno di Natale, l'ultimo dell'anno, fine settimana infinitamente lunghi in cui nessuno ha tempo, e poi al ritorno a casa nell'appartamento vuoto dopo una faticosa giornata di lavoro piena di impegni: questi momenti a volte la fanno sentire un po' frustrata.

Allora la donna prende la decisione di comprarsi due bei gattini. Infatti, dato che lei è fuori casa tutto il giorno, un gatto solo che dovesse aspettare dal mattino alla sera che la padrona ritorni finalmente a casa si annoierebbe ancora più di lei e si sentirebbe solo. Quel paio d'ore passate insieme la sera e nei fine settimana, anche se la padrona si dedica intensamente a lui, non bastano al gatto per sentirsi felice. I gatti, se si sentono trascurati, possono reagire con grande veemenza e sviluppare disturbi del comportamento. Inoltre la donna vorrebbe passare il suo tempo non esclusivamente con il gatto, giocando con lui, leggendo un bel libro sul divano o passando un po' di tempo davanti alla televisione, ma qualche volta vorrebbe anche poter uscire con gli amici. Per non essere afflitte prima o poi dai rimorsi di coscienza, le donne che vivono sole e che desiderano un gatto dovrebbero contemplare l'idea di comprarne due.

L'etologo ed esperto di gatti Dennis C. Turner, fondatore dell'Istituto di etologia applicata e psicologia animale, studia da tempo il rapporto fra donne e gatti. Ciò dipende probabilmente non soltanto dal fatto che egli è un grande amico degli animali, ma anche dal fatto che moltissime sono le donne che lo appoggiano nei suoi studi, come Karin Stammbach, collaboratrice dell'Istituto zoologico dell'Università di Zurigo-Irchel, e Stephanie Kannchen. Nel 1989 il gruppo di lavoro di Turner effettuò uno studio sul tema: «Donna e gatto», di cui pubblicò i risultati, fra l'altro, sulla rivista *Amico gatto*. Da esso risultò che le donne single sono «meno disposte [...] ad accontentare i desideri del loro gatto rispetto alle donne con un compagno». Dalle donne che vivono sole gli animali per lo più non ricevono l'attenzione di cui hanno bisogno.

Perciò posso soltanto ripetere il consiglio di comprarsi due animali. Tuttavia, quello che conta non è tanto il tempo complessivo che una donna passa in casa con il suo gatto o i suoi gatti, ma piuttosto come viene impiegato qualitativamente questo tempo. Se per esempio una donna impegnata sul lavoro, che vive sola, nel suo tempo libero si dedica intensamente al suo gatto, il loro rapporto può diventare molto più intimo che non in un ambiente familiare in cui il gatto si limita a «convivere». Tuttavia, è probabile che nelle famiglie più ampie, così come nelle comunità, un gatto trovi più facilmente un compagno che abbia tempo per lui se vuole essere coccolato o giocare.

Certo, alcune donne che vivono sole hanno paura di non potersela cavare con più animali. E poi temono che gli animali leghino maggiormente fra loro. E invece l'umano, agli occhi del gatto, è un gatto pure lui, con la differenza però che ha qualità diverse. I gatti possono coltivare amicizie intime e tenere fra di loro e tuttavia amare i loro padroni e aver bisogno del loro affetto.

Come regola di base si può dire che si possono avere in casa tanti gatti quante mani si hanno per accarezzarli. I gatti sviluppano un proprio ritmo nel gioco e nelle coccole e non provano alcuna gelosia, se si suddivide il proprio amore fra gli animali a seconda delle loro necessità. Se non si ha tempo o voglia per far ambientare in casa due gatti estranei fra loro, sarebbe opportuno optare per una coppia di fratelli della stessa figliata. I mici più piccoli, anche quando sono estranei, stabiliscono un contatto fra di loro più rapidamente e senza problemi che non i gatti adulti.

Le donne single che non hanno un impiego, che hanno a disposizione molto tempo e lo passano volentieri in casa, non devono preoccuparsi che il loro gatto possa sentirsi solo. Possono senza difficoltà limitarsi a vivere con un gatto solo oppure concedersi il lusso di acquistarne più d'uno. Infine ci sono anche proprietarie di gatti sole che hanno ereditato un patrimonio o che sono già in pensione, e questo dovrebbe essere il caso più frequente.

Per quanto riguarda i negozi per animali, la padrona di un gatto che vive sola è una buona acquirente, e compra al suo micio, per quanto le sia possibile, del cibo piuttosto raffinato. La scatoletta di salmone che si concede di tanto in tanto o un filetto magro di tacchina vengono suddivisi con il gatto, come tutte le altre leccornie, come fra sorelle.

I gatti aiutano a vincere la solitudine, sono una sorta di compagno di conversazione e placano il bisogno di vicinanza fisica e tenerezza, ma non solo. Essi stabiliscono anche un contatto con gli altri. Le amanti dei gatti possono passare ore a raccontarsi le prodezze dei loro amati. Spesso hanno in borsa e/o sulla scrivania o sullo scaffale una foto del loro amico a quattro zampe.

I datori di lavoro di una padrona di gatti impiegata che vive sola, così come i suoi colleghi, dovranno rassegnarsi al fatto che gli alti e i bassi lavorativi non di rado andranno di pari passo con il benessere dell'animaletto domestico. Se il gatto è gravemente ammalato, un buon capufficio dovrà avere attenzione per la sua collaboratrice e darle un permesso perché possa portarlo dal veterinario. Le donne in carriera non hanno paura di portare con sé in ufficio il micio ammalato per poterlo tenere d'occhio.

L'amica dei gatti Heike ha rinunciato a un lavoro ben pagato e ne ha cercato uno nuovo perché dopo un intervento non le era stato concesso di portare in ditta il suo gatto convalescente. Il suo nuovo datore di lavoro era e, fortunatamente, è un amante dei gatti. Anzi, l'ha assunta proprio perché nella sua richiesta di lavoro ha preteso esplicitamente che le venisse data la possibilità di portare con sé il suo micio se si fosse reso necessario.

I due si sono messi d'accordo di occuparsi l'uno del gatto dell'altra durante le vacanze. Da questo rapporto di lavoro se ne è poi sviluppato un altro: oggi vivono insieme e sono in quattro. Così, l'amore per i gatti ha portato a un altro amore.

Anne-Marie ha avuto meno fortuna. Per molti anni ha vissuto con il suo gatto Fritz in un intimo rapporto a due, fino a che durante una festa non ha conosciuto Thomas e si è innamorata di lui. Purtroppo, Fritz non poteva sopportare Thomas, e l'antipatia era reciproca.

Tuttavia, Anne-Marie era convinta che tutto fosse a posto, perché Fritz, che nei confronti degli ospiti stava sempre un po' sulle sue, non appena Thomas si sedeva sul divano gli balzava in grembo e si metteva comodo. Però lei non sapeva che ci sono gatti che, come per magia, si sentono attratti dai peggiori nemici dei felini. Questo dipende probabilmente dal fatto che i gatti cercano intensi campi energetici. Anche con l'antipatia, soprattutto se repressa, si può sviluppare una grande energia.

Quando Thomas iniziò a fermarsi di tanto in tanto per la notte da Anne-Marie, Fritz iniziò a prendere le sue misure anti-Thomas. Orinava sulle sue scarpe e perfino sul suo cuscino e un giorno lo morse sulla gamba, visto che tutto il resto non funzionava. Quando Anne-Marie, dubbiosa, mi chiese un consiglio, mi sforzai di farle capire che il gatto era geloso e che si sentiva trascurato.

È più facile comprendere quando ci si mette nei panni dell'animale. Un uomo del tutto estraneo per Fritz si era introdotto nel suo mondo, fino ad allora sacro, e aveva ricevuto l'attenzione che fino ad allora era andata solo a lui. Suggerii ad Anne-Marie di somministrare a Fritz dei fiori di Bach contro la gelosia e di comportarsi in modo che il gatto ritrovasse la felicità con il gioco, le coccole e le chiacchiere. Anche il suo amico doveva sforzarsi di ignorare per un po' questo comportamento di protesta e di giocare con l'animale in modo da farselo amico. L'amore di Thomas per Anne-Marie evidentemente non era abbastanza grande quando lui le spiegò di non essere il tipo da fare tante storie attorno a un gatto e di non essere affatto disposto a farsi tiranneggiare da Fritz. In poche parole: lei doveva dar via Fritz.

Anne-Marie, però, amava troppo il suo gatto e non era pronta a separarsi da lui, che in fondo le era stato un compagno fedele per tutti quegli anni. Poco tempo dopo si rese conto che Thomas la tradiva. Pose fine alla relazione e pianse con Fritz in grembo. «Te l'avrei potuto dire subito io», avrebbe voluto spiegarle il gatto, ma Anne-Marie lo capiva anche senza bisogno di parole. Un anno dopo conobbe Peter che se la intendeva a meraviglia con Fritz e che fu così intelligente di preoccuparsi fin dal principio di stabilire un'amicizia con lui. «Non siamo tutti uguali», come si dice spesso.

Il gatto è il migliore amico della donna

Spesso il gatto è il migliore amico di una donna e il loro rapporto assume un'intensità particolare. Le persone che vivono senza animali a volte prendono sul ridere il fatto che un gatto possa assumere un ruolo così importante nella vita di una donna. Ma i felini sono animali sensibili, intelligenti e fatti per la vita sociale. La capacità di socializzazione che un gatto dimostra nella vita in comune è qualcosa che non poche donne vorrebbero trovare anche nei rapporti con gli uomini, e spesso anche con lo stesso sesso.

Un'amica è leale in tutte le circostanze e sotto tutti gli aspetti. La vita con lei dà gioia anche nelle ore tristi. La psicologa Verena Kast afferma: «In generale, si può dire che nelle loro migliori amiche le donne trovano intimità, calore, si sentono al sicuro e protette, accettate anche quando fanno qualcosa che l'amica in realtà non riesce a comprendere. Possono essere deboli e forti, possono fidarsi l'una dell'altra nei giorni belli e in quelli brutti, possono aprirsi l'una all'altra senza doversi capire, senza dover ricoprire un ruolo: hanno lo spazio per scoprire sempre da capo chi sono, chi possono essere. E tutto questo è legato alla gioia, al divertimento e al benessere».

Quello che Verena Kast dice dell'amicizia femminile è sostenuto in modo simile da molte donne del rapporto con il loro gatto. «Quando mi metto comoda con il mio gatto», confessa Julia, «è bellissimo per tutti e due. Il mio gatto mi si raggomitola in grembo, fa le fusa e io posso raccontargli tutto quello che ho dentro. Sento la sua vicinanza e il suo tepore con grande intensità. Nelle coccole è così tenero e in altri momenti così sfrenato. Lo ammiro per questo. Con lui io posso essere perfettamente me stessa, perché mi accetta per quello che sono realmente. Non ho bisogno di indossare una maschera. Non devo fingere».

Così, molte donne come Julia si godono il contatto fisico con il gatto proprio perché nel rapporto con l'animale si sentono al sicuro. Non devono temere, per esempio, che il gatto le punisca o le critichi per un loro presunto errore.

Le proprietarie di gatti sottolineano sempre il concetto di fedeltà a chi le interroga sul loro rapporto con il loro animale. L'esperienza della conoscenza di sé, che arriva al punto che si ha la sensazione di potersi guardare reciprocamente nel cuore, fra due amiche si sviluppa con molta lentezza e cautela come fra donna e gatto. Il rapporto con il gatto cresce con il passare degli anni.

Nell'armonia e nell'affinità spirituale il gatto però non è del tutto uguale all'uomo, e nemmeno alla donna, e sotto molti aspetti gli rimane estraneo. Proprio questa diversità è quello che attira molte donne. L'autonomia di un gatto, la sua indipendenza e autosufficienza, a prescindere dalla necessità di cure amorevoli, esercitano un grande fascino su molte donne.

«Il mio gatto e io siamo così diversi che non si riesce a immaginare», racconta Dörthe. «Io sono stata allevata molto rigidamente e avevo un'idea ben precisa di che cosa sono il bene e il male. Ciò che gli altri si aspettavano da me, io lo facevo senza discu-

tere. Minka, invece, di solito fa soltanto quello che vuole lei. Non sta a chiedersi se una cosa sia permessa o meno. Nella mia esperienza con Minka ho capito che nella vita non è tutto bianco o nero. Forse per qualcun altro sono state semplici circostanze quelle che mi hanno portata a interrogarmi sulle questioni della vita e a non agire in base a schemi. Quando Minka catturava un topo e ci giocherellava fino a ucciderlo, per me era doloroso, fino a che non ho compreso che molto semplicemente la cosa rientra nella sua natura. Inoltre, Minka è incredibilmente tollerante, per quanto di un gatto si possa dire una cosa del genere. Mi ha offerto le basi per esserlo anche io. Ma prima dovevo trovare me stessa. Mi sentivo prigioniera come in una gabbia intellettuale. Con Minka potevo parlare come non ho mai parlato con un essere umano. Anche se gli altri lo trovavano ridicolo, lei è stata per me il terapeuta di cui a volte avevo bisogno. Già da piccola lei era capace di rispondermi "per le rime" quando io cercavo di educarla. Non mangiava quello che le davo se non le piaceva, mi guardava indignata e pretendeva qualcosa d'altro. Ho imparato così che si può esprimere liberamente quello che si pensa e che si può fare ciò che si vuole senza essere subito puniti per questo».
Dörthe ha spesso desiderato di essere come il suo gatto. Ha incominciato a riflettere dentro di sé come si sarebbe comportata Minka in una situazione sgradevole se fosse stata un essere umano. Ciò che più la affascinava, come donna che è stata educata ad assumere un determinato atteggiamento conformista e ritroso, era il comportamento naturale e istintivo del

suo gatto. Dopo essere riuscita a conquistare una maggiore consapevolezza di sé grazie all'amicizia con il suo gatto, si è sentita in grado di essere più aperta nei confronti degli altri e di creare rapporti di maggior fiducia anche con le altre donne.

A chi pensa che tutto questo sia un po' eccessivo suggerisco di riflettere che non tutte le donne hanno un'amica e sanno trovare in sé le qualità necessarie per instaurare un rapporto di familiarità. Chi non ha nessun altro con cui aprirsi, nel suo mondo di fantasia sentirà nostalgia per una relazione che possa dargli felicità, sicurezza e amore. Per un certo tempo il gatto può placare questi bisogni. E perché poi non dovrebbe contribuire a risvegliare in una persona capacità e lati nascosti? Come ho già detto: ciò che le donne amano della loro amicizia con il loro gatto è il fatto di non dover apparire belle o «carine» con l'animale.

Come ci sono donne che hanno più amiche a due gambe, una per sfogarsi, una per calmarsi, una per divertirsi e via dicendo, così ci sono donne che condividono la loro vita con più gatti e che trovano in ognuno un amico oppure un'amica.

La mia gatta Mimì aveva un ruolo molto speciale nella mia vita: era la mia migliore amica. A questo straordinario gatto Norvegese delle Foreste mi legava un'affinità spirituale che non si può spiegare. Con Mimì potevo ridere e piangere, giocare rilassata e raccontarle praticamente tutto. Non mi ha mai delusa e sono sicura che anche io sono sempre stata per lei una buona amica.

Anche con il mio micio Felix ero legata da un rapporto unico. Per esempio, si metteva immediatamente a soffiare contro mio marito quando in una discussione lui iniziava ad alzare un po' la voce. Ora sono morti entrambi, e io nella mia ingenuità quasi infantile spero di rivederli negli eterni prati fioriti dell'aldilà; da allora non ho più trovato un unico «migliore» amico fra le mie tre gatte e i miei due gatti, perché tutti i miei animali mi sono molto vicini. Probabilmente questo stato di cose non ha soltanto qualcosa a che fare con i lutti che ho elaborato e con il cambio di posizione e dell'ordine gerarchico dei gatti, ma anche con il fatto che io non posso più definire nessuna delle mie amiche a due gambe come quella assolutamente «migliore». Oggi nella mia vita ci sono diverse donne che per me sono importanti e che mi vogliono bene e, a seconda della situazione, di ciascuna posso dire che è la mia migliore amica. A volte, i miei mici mi sembrano un po' troppo esigenti, e così cambiano di posto nei miei affetti. Mentre prima credevo di dover trattare fondamentalmente allo stesso modo tutti i membri della mia famiglia di gatti, oggi so che devo dedicarmi a loro più o meno intensamente a seconda delle loro necessità. E così sembra che si comportino loro con me. Ci sono giorni in cui non riesco quasi a salvarmi dalle loro attenzioni, mentre altre volte c'è soltanto un micio che «si cura» di me. Sebbene io ami profondamente i miei due gatti maschi e non vorrei perderne nessuno dei due, il mio rapporto nei confronti delle femmine è in un certo modo più cameratesco.

In ogni caso, comunque, sono assolutamente del parere che i gatti debbano essere allevati in modo ragionevole. Nella nostra famiglia, io rappresento il gatto superiore del branco che ha sempre l'ultima parola. A quanto pare, il mio legame con i miei animali femmina è riuscito fra l'altro perché ero presente alla loro nascita in qualità di levatrice. Insomma, i miei gatti hanno bisogno di me, e io ho bisogno di loro: è tutto qui.

Il seguente omaggio di un'amica dei gatti nei confronti del suo animale, apparso molti anni fa in *The Illustrated History Mammalia*, mette in evidenza il rapporto speciale fra donna e gatto: «Poco tempo fa è morto uno dei gatti migliori e più raffinati che abbiano mai cacciato topi. Si chiamava "Pret", un'abbreviazione di Prettina (*pretty* in inglese significa "carina"), e portava questo nome a pieno titolo, perché il suo mantello aveva un bellissimo colore ed era morbido come la seta. Era il micio più giudizioso, vivace e amabile che abbia mai conosciuto. Quando era ancora molto piccola, mi ammalai di una febbre tifoide. Sentì subito la mia mancanza, mi cercò e rimase alla porta della mia camera da letto fino a che non ebbe l'opportunità di infilarsi dentro. Qui fece del suo meglio per intrattenermi e per rallegrarmi con le sue capacità. Ma quando si accorse che stavo troppo male per poter giocare con lei, si fermò al mio fianco e si erse ufficialmente a mia infermiera. Prestava la massima attenzione a tutto quello che mi succedeva, e non appena mi voltavo verso di lei, appariva immediatamente al mio fianco con fusa amichevoli. Nessuno avrebbe potuto manifestare un'attenzione maggiore o cure più affettuose nei miei confronti. In breve imparò con precisione le diverse ore in cui dovevo prendere le medicine o mangiare. Quando a volte la notte l'infermiera che mi assisteva si addormentava, quel gatto così attento la svegliava regolarmente al momento giusto mordicchiandola piano sul naso. E particolarmente straordinario mi appariva il fatto che l'animale, malgrado in camera mia non vi fosse un orologio che batteva le ore, sia di notte sia di giorno non si sbagliasse nei suoi calcoli di più di cinque minuti. Non credo che un qualche altro animale al mondo abbia bisogno di altrettanto amore o possa ricambiare a tal punto un'amicizia».

Ed ecco un'altra storia, raccontata da Pola Weiss, di cui non voglio proprio privarvi: «Madame X [...], una signora famosa, aveva molti amici, per cui non aveva posto per un cane o un gatto; ma quando nei giorni d'inverno si chiudeva nelle sue stanze per dipingere, ecco che vi trovava un gatto randagio, un gatto plebeo senza casa né famiglia; si acciambellava immancabilmente presso il camino. La donna cercava sempre di cacciarlo via, ma lui la guardava in modo così intelligente con quei suoi occhioni verdi che lei decise di dargli ospitalità. La donna si ammalò e il gatto, che fino ad allora non aveva mai osato entrare nella sua camera da letto, veniva a trovarla tutti i giorni. Le prime volte si limitava ad affacciarsi brevemente, ma a poco a poco prolungò sempre di più le sue visite fino a un'ora, e alla fine non volle più allontanarsi da lì. L'ultima notte la passò interamente sotto il letto della morente. Quando lei esalò l'ultimo respiro, il gatto scappò via lamentandosi. E la mattina dopo lo trovarono impiccato al ramo biforcato di un castagno».

In un altro aneddoto, il gatto vendica addirittura l'assassinio della sua padrona: «Una donna ricca, che viveva con un gatto, morì in modo improvviso e inaspettato. La morte sorprendente della donna suscitò molte domande, e così venne aperta un'inchiesta. Poliziotti, magistrati e un medico si incontrarono quindi in casa della defunta per condurre un'indagine. Dovevano essere presenti anche i familiari. Improvvisamente un gatto enorme presente nella stanza si diresse su un armadio, da dove spiccò un balzo oltre il comitato d'inchiesta e si scagliò contro il volto di un uomo, che graffiò irosamente. Il medico ebbe un'ispirazione e si mise a gridare: "Bloccate quell'uomo! È l'assassino!". Il fuggiasco venne fermato e ammise subito il suo crimine».

Mamme e gatti

Purtroppo, vi sono sempre dei casi in cui le donne si separano dai loro gatti quando rimangono incinte. Non sempre si tratta di motivi puramente egoistici, per cui le donne allontanano i gatti in base al motto: «Il mondo paga d'ingratitudine, il mondo è ingrato». Spesso vi sono grossi timori per la salute propria e per quella del bambino. Moltissime sono le leggende che rendono insicure le future mamme. Non esistono casi documentati, mi confermano istituti e autorità interrogati al riguardo, di lattanti morti per aver ingoiato un pelo di gatto o perché un gatto si era acciambellato in grembo a loro soffocandoli (cfr. bibliografia: *Unsere Katze bekommt Junge*).

Purtroppo, anche i ginecologi non sempre contribuiscono a sedare i timori delle donne riguardo al pericolo di contagio della toxoplasmosi, mentre sarebbe sufficiente invitarle a seguire delle semplici norme cautelari. Se una donna in gravidanza ha sviluppato anticorpi contro questa malattia in seguito a una precedente infezione di toxoplasmosi, dovuta magari al consumo di carne cruda, allora un'eventuale infezione per il contatto con il gatto di casa, o anche per altre cause, si può escludere nel modo più assoluto.

Se il risultato del test effettuato sulla donna è negativo, si consiglia di far esaminare anche il gatto. Normali misure igieniche, come il lavarsi le mani prima di andare a pranzo, possono evitare un contagio. Poiché le oocisti della toxoplasmosi vengono espulse con le feci, durante la gravidanza dovrebbe essere il papà o qualcun altro a cambiare la lettiera. È utile effettuare il test sul gatto ancor prima dell'inizio della gravidanza, per poter curare adeguatamente un animale eventualmente infetto. Le infezioni della toxoplasmosi passano quasi sempre inosservate sia nel gatto sia nell'uomo, perciò la malattia di solito non viene riscontrata. È consigliabile non nutrire il gatto con carne cruda, perché in questo modo può verificarsi una ingestione di oocisti.

Inoltre, una futura mamma corre il rischio di venire a contatto con le oocisti anche con la terra infetta quando si occupa di giardinaggio. I gatti che sono liberi di muoversi all'aperto possono infettarsi più facilmente di quelli che vivono solamente in appartamento. Per evitare contagi tramite contatti esterni è utile togliersi le scarpe prima di entrare in casa e deporle in un posto inaccessibile al gatto.

Le donne che si liberano delle leggende metropolitane e dei timori infondati si godranno in modo particolare la vicinanza del gatto durante la gestazione. Che cosa c'è di più bello che sprofondarsi sul divano con un gatto che ti fa le fusa sulla pancia, oppure, se è già troppo grossa, si mette comodo accanto a te? È rilassamento puro, come confermano la maggior parte delle mamme con gatti. Il ronfare dei gatti si trasmette positivamente anche sul nascituro, che a partire da un certo grado di sviluppo è in grado di percepire i rumori. Durante la mia gravidanza, i miei gatti erano particolarmente affettuosi nei miei confronti. Ripetutamente, l'uno o l'altro mi si posava sulla pancia e ronfava tranquillamente.

Le femmine di gatto amiche fra di loro si scambiano particolari cure durante la gravidanza. La gatta incinta si gode palesemente il rispetto e le tenerezze che riceve dai membri della sua famiglia a quattro zampe. Se ne deduce quindi che gli animali sanno più o meno quando aspettarsi la nascita, anche se non hanno nessun legame con l'accoppiamento, la gravidanza e il parto.

Ho notato, durante le mie esperienze personali nel corso della mia gravidanza e osservando i miei gatti durante le loro gravidanze, che un gatto non soltanto sa con certezza che la sua amica a quattro zampe aspetta dei piccoli, ma avverte anche quando è incinta la «gatta superiore» a due gambe.

Alcuni giorni dopo la nascita, subito prima di addormentarsi mio figlio emetteva dei suoni simili alle fusa del gatto. Mia suocera credeva che il bambino soffrisse di polipi. Essendo ancora inesperta come mamma, mi preoccupai e portai subito il bambino dal pediatra. Nonostante una visita accurata, egli non riscontrò alcuna malattia e dedusse che il piccolo, mentre ancora era un feto nel mio ventre, aveva udito le fusa dei gatti e le aveva associate a uno stato di profondo rilassamento. Il medico era del parere che il piccolo avesse udito i rumori e che ora li riproducesse per tranquillizzarsi. Dopo il primo anno di vita, le «fusa» di mio figlio cessarono da sole.

Spesso avviene anche che una donna sia già mamma e voglia soddisfare il desiderio dei figli di avere un gatto. In questo caso si consiglia di adottare un gatto che sia già abituato ai bambini. La maggior parte delle mamme trovano l'ingresso del gatto in famiglia come un evento gioioso e considerano l'animaletto come un nuovo membro della famiglia. Come tutti gli altri membri della famiglia, anche lui deve inserirsi nella comunità e seguirne le regole.

I GATTI COME SOSTITUTI DEI FIGLI

Anche le donne che non vogliono o non possono avere figli prima o poi provano il desiderio di poter accudire e prendersi cura di un altro essere vivente. E le mamme con figli già grandi a volte hanno nostalgia di poter nuovamente riversare le loro cure affettuose su qualcuno. Anche quando hanno un compagno, questi spesso non è sufficiente come oggetto di cure. Potersi occupare di qualcun altro, al di là di tutti i cliché e di tutte le definizioni di istinto materno, può dare molta gioia.

I gatti si lasciano viziare molto volentieri. Hanno il vantaggio di non essere così esigenti come qualche marito, che si aspetta che la moglie gli prepari le pantofole e che si alzi dal divano quando lui lo desidera per andargli a prendere una bottiglia di birra dal frigorifero, perché lui deve vedere la partita e dopo la fatica della giornata non è più in grado di muoversi. Credete forse che questi uomini non esistano più? Oh no, purtroppo no.

Il gatto ha mantenuto un certo carattere «infantile». Non cresce mai del tutto, anche nella vecchiaia ama giocare ed è destinato alle nostre cure. Per quanto riguarda automobili, giochi al computer, partite di calcio e altre cosucce del genere come i trenini elettrici, lo stesso si potrebbe dire anche degli uomini. Le donne che cucinano per i propri figli a quattro zampe preparano loro dei pasti fantasiosi e calibrati. Non vi è gatto che possa contare su tanti giochi diversi. Conosco una signora anziana che è diventata nonna e a casa ha più giocattoli per il suo micio che per il nipotino. Ha allestito in salotto un vero e proprio angolo giochi e ha abituato il gatto ad aiutarla tutte le sere ad andare a raccattare aggeggi sparsi in tutta la casa, come topolini di gomma, palline, cerchietti, eccetera, per poi riporli al loro posto. Proprio le donne che esprimono la loro maternità nel rapporto con un gatto di solito hanno i mici più curati. I gatti domestici e i gatti di razza a pelo corto vengono spazzolati con ogni tipo di spazzola, finché il pelo luccica. I gatti a pelo lungo vengono addirittura lavati, asciugati con il phon e cosparsi di cipria.

In questa sede voglio sottolineare ancora una volta: il gatto può effettivamente placare il bisogno di occuparsi di un altro essere vivente e di accudirlo, ma non deve diventare il sostituto di un figlio. Non sarebbe in grado di soddisfare le aspettative che verrebbero appuntate su di lui.

I risultati di una ricerca effettuata dall'etologo Dennis C. Turner dimostrano che le donne che vivono con un compagno ma senza figli si occupano più del loro gatto di quanto non facciano le donne con figli. «Ma chi non capirebbe», si domanda tuttavia, «che a volte le donne con figli possono essere stressate da altri obblighi quotidiani?». A mio parere, la vita con un gatto può avere un effetto benefico e rilassante proprio sulle mamme stressate.

Un terapeuta a quattro zampe

Un gatto può aiutare una donna come «co-terapeuta» a ritrovare familiarità con l'intimità fisica, se questa donna in seguito a determinate esperienze ha sviluppato una forma di paura del contatto. L'affetto di un animale può essere vissuto senza timori o tensioni. Il caso che segue non deve essere visto come un esempio di «ricetta universale» per donne che hanno vissuto esperienze di violenza. Tuttavia, è interessante e dimostra che cosa sia possibile ottenere grazie al rapporto con un gatto.

In seguito a uno stupro, Tanja aveva sviluppato una profonda avversione per ogni forma di intimità fisica, soprattutto con gli uomini. Alle sue spalle c'era una lunga storia di dolore, molti rapporti falliti e numerosi tentativi di terapia con psicologi qualificati. «Dopo aver provato tutti i trattamenti possibili, non avevo più alcuna speranza di poter finalmente ritornare a vivere una vita normale, libera dalle paure. In questa situazione, una mia amica mi convinse a fare un ultimo tentativo: un colloquio con una vecchia esperta dell'uso di fiori di Bach. Dato che numerosi colloqui, terapie individuali e di gruppo non avevano riportato alcun successo, non riuscivo proprio a immaginare che un paio di gocce di fiori di Bach potessero dare una svolta alla mia vita.

«La signora, Heidi Kling, si sedette sul divano del suo salotto e ascoltò la mia storia, e fece scarsi commenti al mio problema. Dopo un po' mi condusse nella sua camera da letto e mi invitò a guardare in una cesta. Una splendida gatta tigrata azzurra mi guardava con i suoi occhioni. Cinque piccoli le saltellavano attorno. La signora mi invitò a sedermi sul suo letto per un po' e a osservare gli animali, mentre lei mi avrebbe preparato un buon tè. Poi avremmo ripreso a parlare.

«Dopo un po', la gatta, Lisa, balzò sul letto e mi si sedette in grembo, facendo le fusa. Era così fiduciosa mentre mi si offriva che non riuscii a scacciarla, e dopo un po' iniziai, senza quasi rendermene conto, ad accarezzarla. Per la prima volta dopo molto tempo riuscivo a godermi nuovamente la tenerezza. Il tepore che emanava da quel tenero corpo felino smosse qualcosa dentro di me. Era un po' come se fosse caduta una barriera.

«L'anziana signora Kling rientrò in camera da letto con il tè, si intrattenne ancora un po' con me e mi invitò a tornare a trovarla, se ne avessi avuto voglia. Dopo qualche incontro, mi regalò uno dei micini. Ciò che non era riuscito a nessuna terapia lo aveva invece compiuto il gatto. Finalmente sentivo di nuovo che l'intimità era qualcosa di meraviglioso e riuscii ad affrontare sempre meglio i miei problemi».

Ovviamente, la vita con un tigrotto domestico non risolve tutte le conseguenze delle esperienze di violenza fisica e psicologica subite. Però può forse contribuire ad allentare un po' il nodo e ad appianare la strada per ritrovare l'accesso al proprio io.

Petra trova il contatto del suo gatto come un'alternativa all'intimità con un compagno, perché questa con il suo compagno è legata soprattutto al sesso: «Se voglio semplicemente raggomitolarmi un po' e scambiare un po' di coccole con il mio uomo, le cose arrivano sempre al punto che lui vuole fare l'amore con me. Da un lato lo prendo come un complimento, ma dall'altro a volte la cosa diventa seccante. Con il mio gatto posso scambiarmi coccole senza che la cosa provochi altre richieste. Come molte altre donne, accanto a una sessualità vissuta positivamente mi occorre anche una tenerezza non sessuale».

Dare e ricevere tenerezza, senza che ciò venga inteso come un preliminare all'attività sessuale, è importante per molte donne. È per questo motivo che l'esperienza sensoriale nel contatto fisico con il gatto viene considerata da non poche donne come priva di timori e soprattutto di tensioni, addirittura rilassante.

Anche nella pudica Inghilterra vittoriana, molte donne apprezzavano in modo particolare i gatti perché spesso essi rappresentavano una sorta di fonte di tenerezza. Il contatto sessuale nell'ambito del matrimonio si limitava per lo più al semplice atto sessuale mirato alla procreazione. Le tenerezze fra coniugi erano un tabù. Afferma a questo proposito il medico britannico R.D. Ryder: «Nel rapporto uomo-animale mancano le rigide barriere dei tabù e chiunque può accarezzare, strapazzare e abbracciare a piacere il proprio animale». Ancora oggi i britannici e altri abitanti dell'Europa occidentale risultano più nemici del contatto fisico rispetto agli europei dei paesi meridionali. Ma in seguito approfondiremo la questione.

Un compagno per la vecchiaia

Per le donne più anziane, il gatto è un compagno ottimale per diverse ragioni. Molte vivono sole e non hanno legami con un compagno, una famiglia o un'altra comunità di tipo familiare. Perciò spesso provano una sensazione di vuoto.

Alcune donne, poi, giunte alla vecchiaia credono di non avere più scopi nella vita e hanno la sensazione di non essere più necessarie a nessuno. Si sentono inutili, e perciò possono sviluppare complessi di inferiorità e depressione. Anche se oggi le donne anziane si danno volentieri da fare in ogni sorta di attività e sanno come seguire i propri interessi, possono comunque soffrire per l'avanzare dell'età.

In questo processo, il gatto può fungere da modello per le donne. Il gatto invecchia con dignità, lascia scorrere le giornate lentamente e serenamente, pur mantenendosi vivace, si muove ancora con grazia ed eleganza come un'anziana signora e, anche quando non è più in grado di muoversi così bene, di tanto in tanto non disdegna di giocherellare un po'. Proprio come noi umani, apprezza la regolarità, ma odia la noia. Con gli anni sembra diventare saggio e ricco di esperienza e ritiene di avere il diritto di essere un po' bisbetico con l'età.

La natura poi offre ai gatti un vantaggio molto particolare: non dimostrano quasi la loro età. Il loro pelo non ingrigisce e non diventa bianco, e non mettono su rughe. E se pure ne avessero qualcuna, anche queste non disturberebbero.

I gatti sono animali domestici molto adatti per le donne anziane che sono sole e soprattutto per quelle che hanno difficoltà di movimento, che passano più tempo in casa che altrove, perché, a differenza dei cani, non devono essere portati fuori. Soprattutto quando la vita quotidiana scorre ormai seguendo ritmi regolari e solo sporadiche variazioni ne spezzano la monotonia, la vita con il gatto offre svago e divertimento. Un micio giovane offre un diversivo con la sua vivacità giocosa. Con un gatto più anziano, che vive da tempo con la donna, i numerosi ricordi in comune costituiscono un legame profondo.

Erika aveva sessantacinque anni quando morì suo marito. La figlia Hanna le telefonava regolarmente, ma non poteva occuparsi molto di lei perché viveva lontana. Quando, un anno dopo la morte del padre, andò a trovare la madre, ne rimase sconvolta.

La casetta a schiera che una volta era tanto in ordine sembrava un immondezzaio, il giardino era invaso dalle erbacce e anche sua madre era irriconoscibile. La vita sembrava averla abbandonata, non si interessava più a niente. I suoi capelli e i suoi vestiti davano un'impressione di trascuratezza. Hanna inorridì quando venne a sapere che la madre, con la scusa di non avere nulla da raccontare, non aveva praticamente più alcun contatto con gli altri. Dopo un paio di colloqui con lei, apparve chiaro che Erika non si sentiva più utile e che soffriva per il fatto di non avere più nulla da fare.

Dopo aver parlato con l'assistente della parrocchia, ad Hanna venne l'idea di regalare alla madre un animaletto domestico. Nel corso della sua vita, Erika era sempre stata una grande amante degli animali, ed era cresciuta con molti animali. Si entusiasmò straordinariamente in fretta a questa idea e si mise con la figlia alla ricerca di un gatto siamese, che aveva sempre tanto desiderato.

Myrte, così si chiamava la gattina, diede un nuovo significato alla vita di Erika. Tutte le mattine doveva alzarsi regolarmente perché la cucciola si svegliava presto e voleva mangiare e giocare. Erika doveva pulire e mettere in ordine, perché altrimenti Myrte avrebbe esaminato ogni cosa con curiosità. Inoltre, la nuova proprietaria del gatto era costretta a uscire tutti i giorni per fare la spesa. Alla sera era molto stanca perché il suo animale aveva preteso molto da lei. A poco a poco riprese i contatti con gli altri. Finalmente aveva da raccontare tutte le prodezze della sua Myrte.

In modo molto semplice, Myrte sostituì un terapeuta a due gambe. Tuttavia, il presupposto perché un gatto possa liberare una persona dal suo isolamento e dalla sua depressione è che l'animale venga accettato benevolmente. Nella vecchiaia, non è regola generale che la vita con un gatto sia di aiuto contro la solitudine. In molti casi, così hanno stabilito gli studiosi, si deve comunque riconoscere un effetto benefico. Spesso una figlia prende rapidamente in mano le redini della vita della madre e le fa capire chiaramente che la noia può far ammalare.

Di quando in quando, invece, sono proprio i figli ormai cresciuti a essere contrari al fatto che una signora anziana acquisti un gatto. In base alla mia esperienza, io posso solo consigliare a una donna di non lasciarsi influenzare od ostacolare dalla famiglia in questo affare. In fondo, come madre è sicuramente andata incontro per anni ai desideri dei suoi figli. Ora però lei deve vivere la sua vita e può determinarla in base alle proprie esigenze. Dovrebbe potersi godere pienamente questa libertà della vecchiaia con il suo amico a quattro zampe.

Le donne anziane che condividono la vita di tutti i giorni con un gatto confermano, così dice Silvia Greifenhagen, che non vivono solamente di ricordi, bensì si rallègrano anche all'idea di avere un futuro. «Un animale stimola i ricordi. È una tesi confermata da molti studi. Le persone anziane si occupano molto del passato: per l'uomo che invecchia il significato personale si sposta soprattutto su avvenimenti remoti, che perciò diventano in larga misura oggetto di interesse consapevole. [...] Le nostre conoscenze dimostrano che il ricordo non ha nulla direttamente a che fare con l'intelligenza o la riduzione delle prestazioni intellettuali dei soggetti dei nostri studi, e fanno desumere che esso sia positivamente collegato a una libertà dalla depressione e alla sopravvivenza personale. [...] L'animale fa riemergere il passato perché stimola sensazioni forti, che spesso sono legate all'infanzia e alle fasi più felici dell'esistenza».

Quando la sessantasettenne Adolfine acquistò un gattino del mio allevamento, dopo qualche tempo mi raccontò che questa esperienza le ricordava il primo incontro con suo marito. Allora era stata tanto eccitata quanto all'acquisto del gattino. Poiché adesso si era decisa per un nuovo compagno di vita, questa volta a quattro zampe, i suoi sentimenti erano fin troppo comprensibili, secondo lei.

Non sono poche le donne anziane che hanno bisogno di contatto fisico. Soddisfare questa esigenza non è sempre facile, perché molte di loro non hanno più desiderio di avere rapporti con il marito o non riescono a trovare un nuovo compagno.

Il gatto invece offre tepore, intimità e tenerezza, che possono essere accettati senza esitazioni, come conferma Silvia Greifenhagen: «Le donne in cui si manifestano i primi segni di confusione dovuta all'età, o che addirittura sono già confuse, spesso nel loro desiderio di tenerezza ripiegano su una bambola o un animale di peluche e si mettono a giocare come delle bambine. Il contatto con un animale è un ottimo sostituto dell'intimità fisica mancante».

Donna di campagna e gatto di stalla

Per le donne che vivono in campagna, i gatti appartengono come non mai alla vita quotidiana del cortile. Come sempre, essi liberano i granai e le stalle da topi, ratti e altri roditori nocivi. Per le contadine che lavorano in una fattoria, il rapporto con il gatto ha per lo più una qualità diversa rispetto a quello che hanno le donne di città. I loro molti doveri di solito lasciano loro poco tempo per occuparsi di un gatto come di un animale domestico. Infatti, questo animale ha per le contadine indaffarate soprattutto un carattere utilitaristico. I bambini delle fattorie spesso hanno più tempo da dedicare al gatto.

Le donne di campagna possono scoprire il loro vero amore nei confronti dei felini solamente quando vanno in pensione e hanno il tempo di occuparsi di un animale. Le donne di campagna di una certa età spesso scoprono con meraviglia quanto sia bella l'amicizia con un gatto. Racconta Rita, che è cresciuta in una fattoria contadina: «I gatti, anche i micini, da noi c'erano sempre. Da bambina molte delle mie amiche mi invidiavano perché potevo giocare sempre con così tanti animali. Quando andai a stare nella fattoria di mio marito ed ebbi i miei tre figli, non avevo proprio il tempo di pensare di occuparmi dei gatti. Avevo fin troppo da fare con gli altri animali, con i bambini e con il lavoro in generale per potermi permettere il lusso di mettermi comoda sul divano a giocare con un gatto. Quando lasciammo la fattoria ai nostri figli, dopo pochissimo tempo mio marito morì e a volte mi sentivo sola, anche se i figli si occupavano di me, per quanto ne avevano la possibilità. Improvvisamente avevo una grandissima libertà e tutt'a un tratto scoprii di provare affetto per un gattino rosso, magro, dall'aspetto compassionevole, che veniva sempre scacciato dagli altri al momento della pappa. Oggi quel gattino è diventato un gattone bello e grosso, che risponde al nome di Tommy, ed è il mio amore. Può addirittura dormire con me nel mio letto. Se in passato qualcuno mi avesse detto che prima o poi avrei sviluppato un rapporto tanto intimo con un gatto, avrei scosso il capo. Mi sono addirittura comprata dei libri sui gatti per sapere di più di questi animali. Due anni fa per il mio compleanno i miei figli mi hanno regalato una gatta birmana perché mi ero invaghita di questa razza. Per la gente di campagna è ancora molto insolito pensare di spendere dei soldi per comprare un gatto. Voglio bene alla mia gatta birmana, Luise, quasi come a Tommy, e vale ogni marco che è stato speso per lei». Come per la contadina, anche per la mugnaia il gatto è una necessità della vita quotidiana. In Ucraina vi è il detto popolare: «Se non sai prevedere i cambiamenti del tempo come fa il gatto, non sarai mai un bravo mugnaio». Se si osserva un gatto con attenzione, dal suo comportamento si può prevedere il tempo che farà. Questo e il suo compito di liberare dai roditori rappresentano un grande valore per il mugnaio. Dato che i mugnai erano soliti vivere una vita di grande libertà, popolarmente venivano chiamati la «gente dei gatti». I «lavori da gatto» erano associati a uno stile di vita privo di vincoli, in parte anche per indicare l'amore per l'indipendenza. Di solito, venivano svolti dal «popolo che ruotava intorno ai mulini». Nei tempi andati, i mulini si trovavano al di fuori del villaggio e là si radunavano volentieri gli uomini che appartenevano ai gruppi marginali della popolazione. «Spesso il mulino era come un bordello o un baraccone», spiega Urs Hostettler. «Là si incontravano ragazze facili, dubbi giocolieri e musicisti. Era il dominio della vita notturna che il popolo chiamava un eterno "teatro di gatti"». I contadini che venivano al mulino per far macinare il loro grano lì trovavano anche da divertirsi: si sentivano storie, si danzava e si faceva della musica.

Una canzone di quei tempi si intitola *La mugnaia e il canonico*. Racconta di una mugnaia bella e fiera che inganna un prete che la vuole avvicinare e gli mette nel letto un'asina. Il testo inizia con queste parole: «Io conosco una fiera mugnaia che era astuta come un gatto». Già secoli fa era chiaro: donna e gatto hanno molte cose in comune.

Come trovare il gatto dei propri sogni

La vita e in più un gatto: è un'accoppiata incredibile, ve lo giuro!

Rainer Maria Rilke

Trovare il gatto dei propri sogni per una donna è in fondo più facile che trovare l'uomo ideale. Inoltre un felino mantiene più facilmente quello che promette. Forse dipende anche dal fatto che le donne, per quanto attiene la scelta del loro compagno a quattro zampe, di solito sono estremamente esigenti e critiche.

Prima di acquistare un gatto di razza esaminano per settimane libri specializzati e visitano mostre fino a trovare l'allevatore o l'allevatrice in grado di offrire il «loro» gatto. Il prezzo ha raramente importanza, purché si abbia disponibilità economica.

Come allevatrice, al momento della vendita dei piccoli della mia gatta Norvegese delle Foreste ho sempre notato che nelle coppie sono soprattutto le donne a decidere a favore o contro un determinato animale. Infatti, le donne intelligenti decidono con il cuore e con la testa. Per loro, poi, è importante che ci sia l'alchimia giusta con l'allevatrice. Danno grande importanza a un consiglio, anche dopo l'acquisto del gatto.

Gli uomini non devono assolutamente sapere quanto sia costato il micino. A questo proposito le donne sono estremamente abili e sanno trovare mille trucchi che non vorrei tradire in questa sede.

Le donne che hanno cuore per i più deboli non comprano necessariamente il loro gatto da un allevatore, ma vanno a cercarlo presso un'associazione per la protezione dei felini. In questo caso, spesso il gatto può avere anche una certa età. Una donna che a sua volta ha già vissuto molto, di solito si sente legata a un gatto con un passato. I criteri esteriori allora sono meno importanti per la scelta che uno sguardo agli occhi espressivi del gatto.

Spesso ad aiutare una donna a prendere una decisione sono gli scambi di opinioni con le amiche. Le bollette telefoniche salgono alle stelle mentre si soppesano i minimi pro e contro. Una donna può quindi innamorarsi di un gatto senza bendarsi gli occhi.

Tuttavia, avviene talvolta che quando una donna adotta un gatto agisca solo d'istinto. Le decisioni puramente emotive però non sempre sono giuste e quando c'è di mezzo un essere vivente le si dovrebbero evitare. Eppure molte sono le donne innamorate dei gatti che, da un rapporto uomo-animale sulle prime difficile, con il tempo sono riuscite a sviluppare una buona amicizia. In questi casi, le donne mettono in campo la loro sensibilità e molta pazienza (qualità che sembrano entrambe tipiche delle donne) per trovare il modo di andare d'accordo anche con un animale difficile.

Il primo appuntamento con il gatto dei propri sogni è quasi sempre un appuntamento alla cieca legato a grande emozione. Quando deve acquistare un gatto, avviene di solito che la donna durante il fine settimana scorra gli annunci sul giornale e si annoti un paio di numeri di telefono di persone che hanno scelto questa strada per reclamizzare il proprio animale. Le più accurate comprano un giornale specializzato in felini per poter esaminare gli annunci con un po' più di informazioni.

Dopo qualche telefonata, ecco che, con l'amica, il marito e/o i figli al seguito, si mette in strada con il batticuore. È un po' come se una donna sola cercasse il suo principe azzurro con un'inserzione e si fosse messa d'accordo con lui per un primo appuntamento. Nell'«incontro» con il suo gatto, però, la donna si diverte sicuramente molto di più. In fondo, non corre il rischio di dover scappare a nascondersi per la paura appena lo vede o di perdere il segno di riconoscimento concordato così da non essere individuata.

L'incontro con un felino ha anche altri vantaggi rispetto a quello con un bipede di sesso maschile: non c'è bisogno di depilarsi, di andare dal parrucchiere o di farsi una lampada. Per il gatto è assolutamente indifferente l'aspetto della sua nuova proprietaria, quello che conta è che lei sia simpatica e affettuosa e che non abbia un profumo troppo forte.

Cuore di gatto

Il rapporto con un gatto maschio è molto diverso da quello con una gatta. È contrassegnato non tanto dall'indipendenza, quanto dall'attaccamento.

In natura, i gatti maschi devono svolgere meno compiti difficili rispetto alle gatte, perché non devono preoccuparsi dei piccoli. Negli allevamenti, invece, si può osservare che anche un gatto molto influente può occuparsi dei suoi piccoli ed è perfettamente in grado di giocare teneramente con loro e di accudirli con dolcezza.

Le donne raccontano sempre di come il loro gatto sia sensibile al loro stato d'animo. L'affinità spirituale con un animale maschio può avere la medesima qualità di quella con una gatta, solo che nella vita quotidiana si esprime in modo assai diverso. Se la gatta cammina in punta di piedi, il gatto è più irruente. Pretende con forza l'amore che gli spetta e non si fa allontanare nemmeno quando la sua padrona non ha voglia di scambiare quattro coccole. È lui ad accoccolarsi sul giornale proprio nel momento in cui lo vogliamo leggere, è lui a mordicchiare il libro che teniamo in mano. Ma la cosa che più gli piace è seguire la «gatta superiore» per tutta la casa, quando lei ha molte cose da fare, e fare commenti a voce più o meno alta. Con qualche eccezione, questi maschi a quattro zampe spesso sono più disponibili al colloquio e sono anche ascoltatori migliori della maggior parte di quelli a due gambe. Ma in una cosa si assomigliano moltissimo: i gatti sono come i ragazzi durante la pubertà, crescono in fretta ma sono ancora molto legati ai genitori.

Piccola tipologia delle padrone di gatti

Le donne allevano il loro gatto seguendo per lo più lo stesso modello secondo cui si rapportano al loro ambiente o hanno (avrebbero) allevato i loro figli. Anche se sicuramente non si può fare di tutta l'erba un fascio, è purtuttavia possibile distinguere diverse «tipologie» di proprietarie di gatti che io riesco a classificare a colpo d'occhio nei seguenti gruppi.

La donna accomodante

Con una donna accomodante, il gatto può anche mettersi bello comodo sul tavolo o farsi le unghie sulla tappezzeria. Lei non trova la cosa così tragica e ritiene che questo comportamento verrebbe praticato anche se spiegasse al suo gatto che non è gradito, ma prova comprensione perché i gatti devono comportarsi in questo modo «per natura».

Quando è possibile, la donna accomodante permette al suo gatto di scorrazzare libero in natura. Ogni topo portato a casa viene ammirato dall'intera famiglia e dalla cerchia di amici. Se un bambino o magari anche un adulto tira la coda al gatto, questa donna aspetta con pazienza che il gatto si difenda. Fare anche certe esperienze nella vita non è cosa da buttar via, pensa.

Poiché questo tipo di donna preferisce cambiamenti e sorprese a uno svolgersi preordinato della giornata, ama soprattutto i gatti vivaci e caparbi. Inoltre, il comportamento del felino conferma in tal modo la sua convinzione che troppe regole e limitazioni ostacolino lo sviluppo della consapevolezza del gatto.

La donna coerente

La donna coerente alleva il proprio micio seguendo le ferree regole di base: «Questo è permesso» e «Questo è proibito». Armata di pistola ad acqua, osserva il gatto e lo spruzza se al suo «No» questi continua con un comportamento non ammesso. Se il gatto segue le indicazioni, viene lodato con trasporto. Se questa donna è anche madre, spiega minuziosamente ai suoi figli come ci si deve comportare con un animale domestico e prende assai sul serio la sua funzione di modello.

I suoi tentativi di educazione sono solitamente coronati da un grande successo sia fra i quadrupedi sia fra gli esseri umani. I bambini vengono coinvolti nella cura del gatto secondo un piano settimanale ben preciso. In fondo, un animale domestico ha anche lo scopo di educare i bambini ad assumersi le loro responsabilità. Come la mamma coerente è sempre al corrente delle ultime novità in fatto di pedagogia, la proprietaria di gatti coerente accumulerà libri sui gatti per principianti ed esperti. Anche a lei il rapporto con il gatto offre pause rilassanti che interrompono una vita quotidiana stressante proprio perché così coerente. Inoltre, il suo gatto la consola se talvolta qualcosa non va secondo i piani.

La donna autoritaria

La proprietaria di un gatto autoritaria non è assolutamente l'amica ideale di un gatto se vuole costringerlo a seguire un regolamento rigido, perché per la vita in comune le mancano la necessaria tolleranza e quel certo senso dell'umorismo che l'aiuterebbe a ridere anche delle piccole sciocchezze.

Non di rado, però, nel suo rapporto con il gatto riesce a lasciar fuori quelle opinioni un po' rigide e a comportarsi in modo molto più sciolto e rilassato rispetto al solito. Ciò può dipendere anche dal fatto che il gatto le offre la possibilità di agire senza rispetto per le convenzioni. Il gatto non nutre aspettative nei confronti della sua padrona basandosi su un determinato ruolo prefissato a cui lei deve per forza corrispondere. E, poi, il gatto regala tenerezze che sono libere da ogni pretesa.

La donna amante della natura

La donna amante della natura è quasi sempre una proprietaria di gatti e per lo più vive, se ne ha lo spazio e la possibilità finanziaria, con molti animali diversi. Poiché il suo amore per gli animali ha una portata molto vasta, accoglie anche i gatti del vicinato e non è raro che un gatto randagio la scelga come nuova amica.

Se ha dei figli, ha insegnato loro a rispettare gli animali come esseri viventi. Perciò di quando in quando i suoi rampolli le portano in casa un animaletto o un uccellino ferito o ammalato.

Poiché questo tipo di donna è estremamente equilibrato e ha un'enorme capacità organizzativa, tutti coloro i quali le stanno attorno l'ammirano moltissimo. Nonostante il trambusto, sulla sua arca di Noè ha sempre attenzione per tutti e distribuisce nella sua ampia cerchia di amici e di conoscenti gatti abbandonati come fonte di consolazione.

La donna in carriera

La donna in carriera di solito decide l'acquisto di un gatto perché la vita con questo animale offre il necessario equilibrio alla sua giornata altrimenti stressante. Il suo gatto deve perciò ascoltarla quando si sfoga contro capi stupidi, colleghi invidiosi e altri lati oscuri della sua vita lavorativa.

Se la donna in carriera oltre che padrona di un gatto è anche mamma, di tanto in tanto soffre di sensi di colpa nei confronti dei figli. Allora, su loro richiesta, compra loro un gatto che le alleggerisce la coscienza e rappresenta per i bambini un altro oggetto di coccole rispetto alla mamma così presa dal lavoro. Le mamme in carriera agiate possono permettersi una governante, ma, ovviamente, quest'ultima dev'essere un'amante dei gatti.

La vera maniaca dei gatti

Se le proprietarie di gatti siano particolarmente razionali è una questione molto discussa per lo meno fra le donne. È comunque assodato che molte amiche dei gatti sono collezioniste appassionate di ogni sorta di oggetti legati ai felini. A prescindere dai saggi specializzati sul tema dei gatti comprati appositamente, scovano con entusiasmo negli angoli più nascosti dei negozi tutti i possibili libri sui felini e sanno difendere con vigore i tesori portati alla luce anche nei confronti di colleghe collezioniste. Se una donna del genere è coinvolta in una relazione, il compagno, che spesso non legge o quasi questi libri, si lamenterà: «Oh, Dio, un altro libro sui gatti! Ma ne hai già un mucchio!».

Ma le cose vanno peggio per il convivente maschio se la proprietaria di gatti si scopre una passione per la raccolta di statue di gatti. Non conosco quasi nessuna amante dei gatti che non abbia per lo meno un paio di statue di gatti come soprammobili. Ed esistono tipi molto diversi di collezionista.

C'è chi raccoglie tutto, dagli oggetti di valore raffiguranti gatti, alle porcellane più preziose fino agli articoli scovati al mercatino delle pulci. Così dice Maria, amica dei gatti persiani, che possiede circa seicento statue di gatti: «Fin da piccola ho sempre raccolto tutto il possibile, dalle figurine dei calciatori ai poster di Elvis Presley. Dopo aver ricevuto in regalo il mio primo gatto, iniziai a comprare tutto ciò che aveva a che fare con i felini. Da studentessa, avevo scarsa disponibilità economica, perciò mi accontentavo di statuette che non costassero molto. Ma quando, finiti gli studi, iniziai a guadagnare bene, presi a indirizzare il mio interesse verso oggetti più preziosi. Eppure ancora oggi ogni tanto compro qualcosa che mio marito e i miei figli ritengono orribile. Ma è una mia fissazione, e non posso farci niente».

Altre donne danno libero sfogo alla loro mania di raccogliere e, seguendo il motto: «Il più kitsch possibile», acquistano ogni statuetta di gatto, purché sia carina e graziosa. Così Anneliese, proprietaria di un siamese, difende la propria passione: «Casa nostra è arredata in modo molto moderno, non ci sono cose inutili che potrebbero guastarne l'arredamento lineare. Forse è proprio per questo che ogni tanto sento il bisogno di sovraccaricare uno spazio. Nel mio studio, arredato solo con acciaio e vetro, c'è una vetrinetta piena di oggetti molto carini legati ai gatti. In particolare, mi piacciono vecchie statue di personaggi di fumetti come quella di Fritz il Gatto. Quando a un'asta vedo qualcosa del genere, spendo volentieri anche fino all'ultimo spicciolo. Da poco mi sono comprata perfino un gattino tanto dolce che cambia colore a seconda del tempo. È terribilmente bello, e l'ho messo sulla mia scrivania».

Ma ci sono anche collezioniste esigenti che si limitano a gatti in porcellana Thun o Hutschenreuther o di porcellana cinese, meglio se della dinastia Ming. Lore, che divide la sua casa con tre gatti domestici presi al canile, è una donna di questo tipo: «Avrei tanto voluto un gatto di razza», ammette, «ma non posso comprarne uno perché poi penserei sempre agli animali abbandonati, che non hanno nessuno che li ami. Non ho problemi a vivere anche con mici bisbetici e dal carattere difficile. Non tutti ne hanno la capacità. Il fatto che io debba reprimere il mio desiderio per un gatto di razza è proprio il motivo per cui acquisto soltanto statue di gatto esclusive».

Ci sono donne che da ogni vacanza portano a casa creazioni di soggetto felino. E così anche i loro ospiti possono ammirare sui loro scaffali riproduzioni di gatti provenienti dalla Turchia, dai Paesi Bassi, dall'Inghilterra e dalla Spagna. «Quando guardo una statua di un gatto, mi salgono alla mente ricordi e belle esperienze dei miei viaggi», racconta una collezionista di questo tipo.

Il modo in cui le donne conservano le loro collezioni cambia a seconda dei gusti. Per esempio, io faccio parte del tipo misto, che ha distribuito in casa sua ogni immagine possibile di gatto. Una mia amica si è comprata una vetrinetta apposta per accogliere tutte le sue statuette raffiguranti gatti.

Durante il rococò fu creato un dolce. Il Maresciallo du Plessis-Praslin lo dedicò a un gatto e creò le lingue di gatto tanto apprezzate ancora oggi.

Il mercato è pieno di dolcissima arte felina, dal ciarpame privo di valore agli oggetti preziosi e a quelli davvero belli, anche se quest'ultima caratteristica è sempre una questione di gusto. Nell'arte moderna sono quasi esclusivamente le donne che nei loro lavori si dedicano al tema dei gatti.

In Inghilterra, la patria dell'amore per i gatti, vale la pena di andare a rovistare in negozietti piccoli e spesso polverosi in cerca di tesori nascosti. Anche molti olandesi sono grandi amanti dei gatti. Durante una gita al mare o nelle città più grandi, le donne si divertono moltissimo a osservare nei numerosi mercati i motivi felini.

Una mia cara amica mi porta sempre dai suoi viaggi qualche nuovo oggetto legato ai felini, e questa è un rito che le amiche dei gatti compiono spesso. Chi vuol fare un regalino a un'amica dei gatti, sappia che con una statuetta raffigurante un micio, che sia una lampada con una testa di gatto o una teiera a forma di gatto, non può sbagliare. Con regali di questo tipo, l'amore dell'amica per il gatto viene riconosciuto con rispetto. Fra le proprietarie di gatti, un gesto del genere è espressione di un legame reciproco. E che spesso questo porti a sovraffollare gli armadi di tesori e musi di gatto è un'altra faccenda.

Spesso anche le pareti vengono decorate per lo meno con una foto di gatti. Se non sono le foto del proprio gatto nelle varie fasi della sua vita, saranno raffigurazioni moderne o classiche di felini di qualità molto diversa. Nel nostro soggiorno, per esempio, sono appesi quattro quadri di gatti, e tutti hanno una loro storia.

Le vere maniache di gatti indicano il nome del proprio gatto persino al campanello di casa: «Rita Müller, Mohrle e Tom», si può leggere per esempio.

Questo fenomeno viene comunemente indicato come «complicità», termine con cui secondo Silvia Greifenhagen viene indicato il fatto «che fra uomini e animali superiori sono possibili rapporti che corrispondono a quelli che gli uomini o gli animali vivono con i loro simili. [...] Per sviluppare complicità non è determinante che la sensibilità o l'affetto emotivo riguardino oggettivamente la natura del compagno felino. Quella che più conta è la certezza, soggettiva, che si tratti di un rapporto fra pari. [...] La complicità fra uomo e animale si manifesta in molti modi diversi, che hanno un elemento in comune: l'animale viene visto come un compagno a cui vengono attribuite qualità personali».

I miei gatti non sono indicati come coinquilini alla porta, perché con cinque felini il cartello dovrebbe essere davvero grande. Eppure tutti riconoscono già fin dal giardino sul davanti che in casa nostra vivono dei gatti. La statua di un micio bianco e nero è appesa alla grondaia, e un gatto nero siede, a salutare i nostri ospiti, subito fuori dalla porta d'ingresso. Con la zampa alzata, indica a chi proprio non può sopportare i gatti che farebbe meglio a restare fuori.

L'allevamento dei gatti è uno dei pochi campi nell'allevamento animale in cui dominano le donne. Le allevatrici serie si dedicano a un'attività che richiede accanto a un grande cuore anche molte conoscenze e un'enorme esperienza. Qui le donne non si sono dovute introdurre in un mondo di uomini. Per molti anni gli uomini hanno considerato l'allevamento dei gatti come un passatempo riservato comunemente a signore di una certa età. Perché mi occupo dell'allevamento dei gatti nel capitolo dedicato alle collezioniste? Be', le donne che allevano gatti possono soddisfare ancora meglio il loro desiderio di avere più gatti rispetto a quelle che condividono la loro vita esclusivamente con uno o due animali. Nel peggiore dei casi collezionano esseri viventi, ma per fortuna questo avviene raramente. Il bisogno di avere più gatti di quanti se ne possano accudire normalmente viene soddisfatto dall'allevatrice grazie ai piccoli che condividono la loro vita con lei solo temporaneamente e che prima o poi se ne vanno. Eppure, proprio le allevatrici collezionano tutto ciò che riesce loro di scovare in tema di gatti in occasione di mostre, giri per negozi o viaggi. In parte questi oggetti servono sicuramente da consolazione al momento della partenza dei micini. Il «matrimonio fra gatti», che fu celebrato a Bangkok nel 1996, è un esempio di come la mania per i felini possa degenerare anche nel cattivo gusto. In questo spettacolo, un gatto maschio dagli occhi blu, vestito in frac (!), e accompagnato a bordo di una Rolls-Royce, «sposò» la sua «fidanzata» Ploy che fu accompagnata sul posto in elicottero. Cinquecento persone assistettero a questo spettacolo perverso. Il divertimento costò a un produttore di cosmetici all'incirca centocinquantamila marchi. È meglio non stare a pensare quanti uomini e animali si sarebbero potuti aiutare con quella cifra.

Sebbene gli utenti di Internet siano ancora in minoranza donne rispetto agli uomini, ci sono comunque già molte amiche dei gatti che celebrano il loro amore per questi animali con un proprio sito. Anche il bisogno di trovare persone che hanno la stessa passione può essere soddisfatto facilmente con questo mezzo. Con chi potrebbero intrattenersi così amichevolmente e in modo intelligente sui propri mici se non con altre amiche dei gatti? È possibile che prima o poi a chiunque altro la loro mania per i felini dia sui nervi. Non credete anche voi?

Ritenete che tutti trovino i racconti sulle prodezze dei vostri piccoli amici divertenti e piacevoli come voi? Ma non vi siete mai accorti come gli altri si mettono a sbadigliare di nascosto? Se non lo avete ancora fatto, date un'occhiata con calma su Internet. Potrete scoprire cose interessanti sulla vita di altre donne, oltre a informazioni e notizie commoventi e appassionanti sui gatti. E poi, attraverso questo mezzo di comunicazione, è possibile conoscere amanti dei gatti di tutto il mondo e scoprire anche altri felini che possono essere davvero interessanti.

Più sopportabile di un compagno brontolone: donne, gatti e uomini

Chi lo conosce deve ammettere
Che è un gatto di cui non si è mai visto l'uguale.
Il suo pelo tigrato così bello, il suo buon cuore!
Le zampe di velluto, le unghie, i giochi!
Quando mi viene in grembo e fa le fusa,
È più sopportabile di un marito che russa!

Da: Damjan e Schilling, *Mau Mao Miau*

Chi si stupisce se ogni tanto una donna considera il suo gatto o la sua gatta come il migliore dei compagni? I gatti tendono molto raramente a essere distruttivi, se si escludono i graffi alla tappezzeria e a qualche mobile imbottito. E poi nelle conversazioni non danno quasi mai risposte impertinenti o annoiate. Al contrario, i gatti salgono in grembo alla loro padrona, fanno le fusa, la guardano con affetto con quei loro occhioni straordinari e le fanno capire che amano incondizionatamente la loro «padroncina». E poi, non danno mai alla loro «gatta superiore» a due gambe la sensazione che sia scontato che lei si occupi del loro benessere fisico. Non credete?

Immaginate un po' la situazione in cui voi siete in cucina e aprite due barattoli di conserva: una zuppa in scatola e dei filetti di pesce in gelatina. Chi pensate che arriverà subito entusiasta in cucina con l'acquolina in bocca? È chiaro: accanto a voi ci sarà il vostro gatto che si avventerà felice sul piatto di pesce mentre lui, il vostro compagno di vita a due gambe, vi chiederà se una volta tanto non si può avere un pasto decente.

Anche l'attrice Traute Carlsen trovava che i gatti fossero dei compagni migliori. Viveva insieme a moltissimi gatti e non ne abbandonò mai nessuno. Nella sua vita con i compagni umani, invece, le cose stavano diversamente: per sette volte si sposò e per sette volte divorziò.

Judith, una giovane donna molto consapevole di sé, sa davvero qualcosa della grande differenza fra i compagni a quattro zampe e quelli umani. Quando dopo un litigio il suo amico ritornò a casa nelle prime ore del mattino con addosso tracce significative di profumo femminile, lei decise di chiudere la storia e di scegliere il maschio che non l'aveva ancora delusa. Fece le valigie e senza pensarci due volte se ne andò con Friedrich, il suo argenteo gatto tigrato, dalla sua amica.

«La vicinanza di Friedrich mi fece particolarmente bene in questa fase», racconta. «Gli piace la stessa musica che piace a me, e anche quando nel periodo della separazione cantavo per la centesima volta la stessa canzone, lui non si lamentava. Se piangevo, veniva a leccarmi le lacrime dal viso. E poi, contrariamente alla mia amica, non pretendeva che io finalmente ammettessi che mi ero fatta ingannare. Dato che il mio ex amico piaceva molto anche a lui, come anche a molte altre donne, comprendeva il mio dolore e mi compativa. Gli mancava quasi quanto a me».

Un punto consueto di discussione fra due innamorati è se la notte il gatto possa dormire nella stanza della coppia. Le donne amano condividere il cuscino con il loro micio, se non altro perché il suo ronfare serve a compensare il russare di qualcun altro. Si può comunque immaginare che un compagno abbia qualche difficoltà a rilassarsi se cerca di manifestare il suo affetto alla sua amata mentre il gatto gli rosicchia i piedi. A questo proposito, le donne devono essere tolleranti e permettere che di tanto in tanto, per periodi di tempo limitati, il gatto venga chiuso fuori dalla camera da letto.

Kathrin aveva a questo riguardo un vero problema. Se chiudeva fuori la sua gatta Puppi, questa iniziava a graffiare la porta della camera da letto senza fermarsi, fino a che a Kathrin passava la voglia di qualsiasi piacere della carne. D'altra parte, non era possibile lasciar entrare in camera Puppi, perché lei, una grande fanatica di ogni tipo di azione, voleva prendere parte a quanto avveniva sul letto e continuava a leccare il viso dell'amante di Kathrin, e a questo punto lui diceva che preferiva guardarsi un giallo alla televisione. Suggerii alla coppia di regalare a Puppi un compagno a quattro zampe in modo che anche fuori dalla porta della camera da letto non si sentisse sola. Ora Kathrin e il suo amico hanno due gatti che fanno chiasso fuori dalla porta, un buon impianto stereo che emette tutta una serie di rumori, anche i più impossibili, ma non si sentono più in colpa. Nella vita in fondo non si può avere tutto!

Il punto di vista maschile: il gatto è meglio di una moglie

Io amo ancora le donne: quando ero a Gottinga e non frequentavo nessuna donna, per lo meno mi procurai una gatta.

Heinrich Heine

Un buon numero di uomini più o meno esperti hanno espresso il loro parere su una particolare somiglianza e legame fra donne e gatti. Casanova, il celebre donnaiolo, nei suoi viaggi portava sempre con sé un gatto: «Nel gatto vedo la donna con la sua anima eternamente mobile, sensibile».

Il poeta Paul Verlaine descrisse così il suo ideale di donna e di gatto: «Manine bianche e zampette bianche / E nessuna mostra gli artigli / Donna affascinante e gatta affascinante / Si stuzzicano quando il giorno volge alla fine». Quindi Verlaine capì che si sbagliava in entrambi i casi e si chiese ancora: «Possono dita bianche anche graffiare?». Stabilì subito: «Unghie rosee e affilate! / E piano artigli acuminati / Nascono da tenere zampe di velluto. / Come solo le zampe bianche sanno fingere! / Eppure mentre accarezzano insidiose / Il diavolo ci mette la coda / E nel boudoir ecco nell'oscurità / Come di zolfo e fosforo / Quattro occhi si guardano lampeggiando».

In un punto si deve dare ragione a Verlaine: le donne, come i gatti, hanno una certa «cura per i loro artigli». A seconda dei gusti, hanno unghie lunghe o corte e usano smalto nei colori dai più teneri ai più aggressivi. Dall'estetista a volte si fanno mettere addirittura delle unghie finte, che a seconda della necessità possono essere decorate con disegnini o strass. È vero che i gatti non usano limette da unghie, ma si affilano le unghie tanto da renderle appuntite e taglienti come armi. Delle donne che sanno difendersi, spesso si dice che «mostrano le unghie».

E qui la cosa si fa interessante. Da una parte gli uomini non si stancano mai di lodare la tenerezza e la bellezza come qualità comuni a donne e a gatti. Dall'altra, però, temono la forza che secondo loro si nasconde dietro questa facciata: il presunto elemento demoniaco. Demoniaco è per molti uomini sia del gatto sia di molte donne il fatto che siano esseri capricciosi, che amano la loro indipendenza e ciononostante vogliono essere amati. E che sappiano tirar fuori gli artigli se viene fatto qualcosa che va contro il loro volere. Quest'ultima cosa, molti uomini non sono ancora riusciti a comprenderla. Questo può essere un motivo per cui gli uomini sono fin troppo pronti a valutare il no di una donna come un capriccio o un vezzo. Anche Ulrich Clever, uno dei pochi esperti maschi sul tema dei gatti, non si discosta da questa idea: «In tutti i tempi e presso tutti i popoli che hanno vissuto con gatti, le donne e i gatti sono sempre stati considerati anime affini. La spiegazione che il gatto ama la casa e che protegge il focolare per me è troppo semplicistica. Le donne maghe che potevano trasformarsi in gatti, da noi come streghe e nel lontano Oriente come demoni, dicono molto di più di questa correlazione. Quello fra gatti e donne è un rapporto che ha in sé qualcosa di seducente, di voluttuoso, di erotico. Qui entrano in gioco l'eleganza, l'imperscrutabilità, la vezzosità e il capriccio. So che questi sostantivi possono sembrare associati alle donne da un patriarca antifemminista. Ma voglio scusarmi con le donne in carriera fra le mie lettrici: per me così sono i gatti, così sono molte donne». Qui ogni commento è superfluo.

Gli esempi di insicurezza provata dagli uomini nei confronti di donne e gatti sono numerosi. La cosa si fa ancora più evidente quando si considerano le qualità e le capacità positive delle donne e le si volgono al negativo. Ma non voglio lasciare spazio agli sciovinisti. Tuttavia, certe definizioni sono così sciocche da essere quasi divertenti. Così anche quella dello scrittore Gustav Michel, che riteneva che il sonno del gatto sia simile a quello della donna: «La donna non dorme così profondamente come l'uomo, che durante il giorno veglia nel mondo con una consapevolezza più chiara e istintiva». Al che viene da chiedersi: Come potrebbe mai dormire profondamente, se lui russa o se lei deve riposarsi e tenere al contempo sotto controllo la camera del bambino?

Michel manifesta anche il parere che le donne e i gatti si interessino ugualmente in larga misura del proprio aspetto: «Le donne hanno molto in comune con i gatti, anch'esse amano la pulizia, la toilette, le cianfrusaglie e il gioco e, con i loro piedini aggraziati», (tante sono le donne che indossano scarpe di numero 40!), «come i gatti riescono a non infradiciarsi quando nei giorni di pioggia devono attraversare la strada» (e a chi piacciono i piedi bagnati?).

Il qualificato etologo Reinhard Bergler ha una posizione più lusinghiera sul tema donna e gatto: «Le donne accettano l'autonomia e l'individualità dei gatti perché nei casi più rari le donne vogliono dominare uno stile di vita che esse amano». Anni fa ho conosciuto personalmente Reinhard Bergler in occasione di un simposio per specialisti, e mi è stato istintivamente molto simpatico. Adesso ne conosco anche il motivo.

Le scienziate austriache Helene Karmasin, direttrice dell'Istituto viennese di ricerca, e Mircea Pfleidner sono dell'idea che le padrone di gatti siano particolarmente «comprensive, ragionevoli, tolleranti, femminili, tenere, domestiche ed erotiche». L'etologo Dennis C. Turner ha stabilito nel corso dei suoi studi che nella comunicazione fra donne e gatti o fra uomini e gatti vi sono differenze per quanto riguarda il linguaggio corporeo: «Ad esempio, le donne (ragazze) tendono in genere ad abbassarsi verso il gatto, mentre gli uomini preferiscono restare seduti». Nelle situazioni da lui osservate, poi, erano «le donne a chiamare più spesso a sé il gatto per fare qualcosa insieme che non gli uomini, indipendentemente dai diversi periodi di tempo che le singole persone avevano passato in casa».

Questo comportamento delle donne in fondo non si discosta poi tanto da quello che manifestano anche nei confronti dei figli: si mettono alla loro altezza e comunicano e giocano con loro più intensamente degli uomini. A quanto pare è tutta una questione di socializzazione. Anche il cancelliere tedesco Gerhard Schröder ha compreso che le donne che amano i gatti sono qualcosa di speciale. Così, una volta a casa, non deve sottomettersi solo alla moglie e alla figlia Klara, ma anche al loro gatto Schnurri. «Come uomo, ci sono due cose con cui non la si può spuntare: i romanzi d'amore e i gatti», ha detto alla fine capitolando.

Bella e oca?

Nella pubblicità le donne sono presentate se non regolarmente, almeno molto spesso, come belle e oche, o anche belle oche. Nella pubblicità dei prodotti per animali questo aspetto assume una caratteristica del tutto particolare. Gli esperti pubblicitari dell'industria alimentare sembrano ritenere, apparentemente sulla base di precise analisi di mercato, che i gatti siano animali da donna e i cani animali da uomo. Che donne e gatti vadano bene insieme non lo vogliamo certo contestare. Quello che mi interessa è soltanto il modo in cui questa affinità viene rappresentata nella pubblicità, e lo vorrei chiarire con un confronto fra le pubblicità di cibo per gatti e per cani.

In genere, in televisione negli spot di alimenti per gatti si vedono solo belle donne che coccolano il loro gatto e gli offrono leccornie di ogni tipo. Nonostante siano persone altrimenti inette, le donne sono pur-tuttavia in grado di aprire una scatoletta e di disporre il cibo in una ciotola accompagnato da un rametto di prezzemolo. Il tutto si svolge nella casa, che, a quanto pare, è ancora il regno della donna.

Gli uomini, invece, essendo tipi più sportivi, corrono a rotta di collo con il loro cane per prati e boschi. Questo, secondo il parere dei pubblicitari, alle donne sarebbe chiedere troppo. E dopo la lunga passeggiata di cane e padrone, ecco che in un baleno il buon cibo è pronto nella ciotola. Qui gli uomini sembrano essere perfettamente capaci di prendersi cura, se non di se stessi, per lo meno del loro cane. A volte è perfino il cane ad andare a prendersi da solo la «zuppa» se il suo padrone è occupato altrove. Ah, non è bello tutto questo?

Quanto sia assurda questa immagine di libertà e avventura lo si capisce subito se si pensa che un cane, in confronto al gatto, che vive per lo più con i suoi simili, difficilmente può rimanere a casa da solo per tutto il giorno fino a che il suo padrone non rientra dal lavoro. E allora, chi è che si occupa di Fido nel periodo in cui l'uomo della pubblicità è impegnato a guadagnare il denaro per comprare il cibo per cani e per altro ancora? Chi è che lo porta in giro? È ovvio che a farlo è la donna, la madre di famiglia che o è impegnata sul lavoro fuori casa per mezza giornata oppure lavora come libera professionista, ma senza essere pagata, come casalinga e mamma. Ma nelle pubblicità del cibo per cani, lei non entra mai in scena.

E, poi, non si deve dimenticare che si dà erroneamente per scontato che un cane debba essere educato e un gatto no. Il gatto non si lascia dominare volentieri. Allora, i gatti sono davvero i migliori animali domestici per le donne perché non hanno bisogno di una «mano salda»? È perciò che nella pubblicità del cibo per gatti appaiono le donne? Oppure gli esperti di marketing hanno deciso da soli che le donne e i gatti hanno fra loro un'affinità spirituale e hanno quindi voluto dare un posto anche ai proprietari maschi di cani solo per pietà, quasi per creare ad arte un contrasto?

Il fatto è che dietro a ogni progetto pubblicitario si nasconde una strategia di vendita. Prima che si scoprissero gli alimenti speciali per gatti come articolo di vendita, e fino a che erano i gatti stessi a procurarsi il cibo da soli oppure venivano alimentati con i resti dei pasti destinati ai loro padroni, in pubblicità i gatti avevano un valore molto limitato. Insieme alla donna, il gatto era un simbolo di eleganza e bellezza, e di norma era legato ad articoli di cosmesi per le donne, come ad esempio in un cartellone di Edward Penfield del 1896 creato per la rivista *Harper's Magazin*.

Rimane da desiderare che nella pubblicità degli alimenti per gatti si imponga un'analoga immagine di donna così come già avviene per la pubblicità delle automobili e della carta da cucina, dove si vedono donne che abbandonano il marito brontolone all'autogrill oppure scacciano il fannullone dal divano. In questo caso le donne sembrano più dei gatti forti e ostinati che non buffi micini usciti da una pubblicità di cibo per gatti.

Il gatto come terapeuta per gli uomini

È raro che gli uomini siano cresciuti nel modo giusto. Se no, come spiegare che tanti di loro amino giocare più o meno di nascosto con il trenino oppure trasformarsi in fanatici del fai-da-te che riempiono la casa di oggetti in legno di ogni tipo? Messi insieme a un gatto, questi bambini cresciuti possono finalmente uscire una volta per tutte dalla loro infanzia.

Anche se per il resto sono ancora alquanto distaccati, una volta che in famiglia ha fatto il suo ingresso un gatto, dopo il lavoro si mettono rilassati a giocare sul tappeto a «trova il topo», oppure sussurrano: «E allora, dov'è il topolino?». Dopo un po' non riescono nemmeno più a immaginare che una volta dopo il lavoro volessero solo starsene un po' tranquilli.

La vita in comune con un gatto sembra rendere più morbidi gli uomini stressati e aiutarli a trovare quel rilassamento di cui hanno bisogno dopo una dura giornata di lavoro per poter rivolgere la loro attenzione alla moglie e/o alla famiglia. Particolarmente simpatici sono i padri che vanno con i figli nei negozi per animali al fine di acquistare il cibo per il loro animale. Si vede subito quanto si divertono negli acquisti. Mentre le mamme si limitano agli articoli indispensabili, i papà comprano ogni tipo di giocattolo che poi i bambini caricano nel carrello.

Gli uomini che vivono soli e che amano i gatti sono molto più numerosi di quanto ci si potrebbe immaginare. I single che dividono la loro vita con un felino sono un milione e trecentomila in Germania. All'incirca uno su quattro passa il proprio tempo libero addirittura con due o più gatti. Secondo uno studio dell'università di Bonn, gli uomini amanti dei gatti sono vivaci, aperti e socievoli.

L'etologo Reinhold Bergler ritiene che per gli uomini i gatti siano teneri compagni di gioco, con cui possono parlare e giocherellare. Questo farebbe sì che attraverso i gatti gli uomini vengano aiutati nelle loro piuttosto limitate capacità emotive e sociali. Dello stesso parere è l'etologo Dennis C. Turner, che nella crescente popolarità dei gatti fra gli uomini vede un modello diverso del cosiddetto sesso forte, che «si allontana dal "tiranno" dominatore» per passare a «un rapporto fra pari».

Anche l'etologa Erika Fridemann ritiene utile il rapporto fra gatti e uomini per quanto attiene il loro mondo emotivo: «Gli uomini hanno grandi difficoltà nel dare e nel ricevere contatti fisici. Non hanno però alcuna remora ad accarezzare il loro gatto».

Di solito ai gatti non piace essere strapazzati né farsi schiacciare fino quasi a soffocare contro un petto maschile più o meno ampio. Dato che preferiscono i contatti teneri e affettuosi, nel rapporto con loro gli uomini possono imparare che cosa significhi davvero la tenerezza, tanto più che il gatto gliela mostra con la sua dolcezza. Questo scambio di tenerezze non conosce alcuna forma di tabù, e così gli uomini possono dare libero sfogo al loro lato più dolce senza dover temere di perdere la faccia. Non vorremmo esagerare, ma sul piano emotivo il gatto potrebbe essere quasi una sorta di maestro per imparare a sviluppare una buona relazione con una donna. In ogni caso, i gatti vengono trattati da molti uomini con molto più rispetto che non le donne.

Gli omosessuali, poi, nel gatto vedono rispecchiato in parte il loro lato femminile. Sia detto solo fra parentesi: il mio amico gay Harald ritiene che questa teoria sia una pura sciocchezza. Tuttavia, lui ha una spiegazione del fatto che gli omosessuali si sentano particolarmente attratti dai gatti. Mi ha spiegato che gli omosessuali, per «sopravvivere» in una data società eterosessuale, hanno in dono una buona capacità di osservazione e una sensibilità particolarmente spiccata. Dato che queste stesse qualità sono riscontrabili anche nei gatti, lui ritiene che fra un gay e il suo gatto possano svilupparsi un'intimità e una reciprocità particolari. Comunque, con il suo gatto lui ha sviluppato un'affinità spirituale davvero speciale.

Donne che odiano i gatti e uomini che arrivano a mangiarti dalla mano

Una mia vicina di casa non può proprio sopportare i gatti. Ogni volta che viene a trovarmi, siede sullo spigolo della sedia pronta a balzare in piedi. È una donna davvero molto simpatica, ma le persone come lei sono comunque per me davvero sospette. A parte gli allergici e quei poveretti che hanno avuto esperienze negative con i gatti e che quindi ne hanno giustamente paura, le donne che odiano i gatti si possono suddividere per lo più in due categorie.

Da una parte c'è il gruppo delle donne sempre un po' contratte, che si sono discostate dalle cose naturali della vita. Il secondo gruppo comprende donne che, per quanto riguarda la loro casa, sono più che pignole e si sentono realizzate se possono girare tutto il giorno per casa armate di straccio per pulire anche negli angoli più nascosti. Godono orgogliose del luccichio della loro casa perfetta. Se trovano sugli abiti il più piccolo pelo di gatto corrono subito a prendere la spazzola nell'armadio. Se trovano qualche pelo di troppo sul tappeto si mettono a ripulirlo a fondo. Con questo non voglio dire che le proprietarie di gatti siano sciatte. Solo, per quanto riguarda la loro casa, in genere sono abbastanza rilassate, e questo atteggiamento rilassato ovviamente le unisce.

La maggior parte delle proprietarie di gatti trovano l'avversione per i gatti come un'offesa personale. La mia amica Uschi non si appassionava solamente ai gatti di razza che non richiedono molte cure, ma aveva un debole anche per i poveri animali con disturbi del comportamento e un passato di esperienze negative con gli uomini. Una volta che volevamo festeggiare insieme il giorno di San Silvestro, mio figlio voleva dormire un'oretta nella stanza degli ospiti della mia amica. Dopo un po' si ripresentò in salotto dicendo: «Non riesco a dormire. Il gatto nero e magro mi guarda con occhi cattivi, è davvero odioso». La buona Uschi la prese veramente male.

Mio figlio è cresciuto con un grosso gattone domestico e con diversi gatti Norvegesi delle Foreste molto vivaci, e non conosceva affatto i siamesi slanciati. Tuttavia il suo comportamento mi mise molto a disagio, perché neanche io avrei trovato carino che qualcuno definisse odioso uno dei miei gatti. Ma, in fondo, è così anche per i nostri amici a due gambe.

Certo, non si può pretendere che tutti si sentano attratti dai gatti. Ma l'ospite che non ama un gatto nella casa di chi lo ha invitato, e per di più non fa nulla per nasconderlo, dimostra chiaramente di non voler accettare un membro della famiglia. Al rifiuto nei confronti del suo gatto non è raro che una donna reagisca con grande veemenza.

A volte le donne definiscono la qualità di un'amicizia a seconda che un'amica vada d'accordo o meno con il loro gatto. Racconta Luise: «Nonostante gli voglia un gran bene, devo ammetterlo: il mio gatto, per quanto riguarda le altre persone, è davvero maligno. Lui vuole bene solo a me, e dato che viviamo insieme già da molti anni e prima dovevo stare fuori casa per lavoro fino a dieci ore al giorno, è anche comprensibile che lui mi voglia avere tutta per sé. È davvero geloso. Quando viene a trovarmi la mia amica, quel demonietto la morde regolarmente sul piede. Perciò, prima di entrare in casa mia, lei si mette sempre un paio di stivali belli robusti. A quel punto lui può anche morderla. Io apprezzo molto che la mia amica non lo giudichi male e che invece abbia trovato un modo di risolvere il problema. È una vera amica. Spero soltanto che, se prima o poi dovessi trovare un nuovo compagno, lui abbia altrettanta comprensione. Ma la cosa non sarà sicuramente facile». Luise deve quindi sperare di trovare un uomo che entri in casa solo con delle scarpe di acciaio, perché non tutti sanno ricambiare tanto amore felino.

Ci sono anche persone che non sono nemiche dei gatti in particolare, ma che in generale non riescono ad andare d'accordo con gli animali. Quando si vedono saltare in grembo un gatto si sentono terribilmente a disagio. In questo caso è importante sapere che i gatti bene educati «esaminano» il loro compagno di coccole prima di balzargli addosso. Per queste persone è consigliabile non reagire minimamente all'esame del gatto. La maggior parte dei gatti lo capiscono da soli.

Ma la cosa peggiore sono quelle persone che vogliono comprarsi un gatto, ma non sono affatto amiche di questi animali. In quanto allevatrice, ho il compito, piuttosto difficile, di distinguere il loglio dal grano fra chi dimostra interesse per i miei animali. Un giorno venne a trovarmi una donna che voleva comprare un cucciolo e che al grido di «Accidenti, questa bestia perde un mucchio di peli!», scacciò dal divano il mio gatto, che proprio quel giorno, giocando con lei, aveva tradito i suoi sentimenti per le persone buone e per quelle cattive. Poi osservò con occhio critico il tappeto appena pulito e rilevò come dopo l'acquisto di un gatto avrebbe dovuto passare l'aspirapolvere tutti i giorni. Consigliai a questa «amante dei felini» di procurarsi un bell'animale di peluche e la accompagnai alla porta prima ancora che potesse riprendere fiato.

Soprattutto le proprietarie di gatti che lasciano liberi i propri mici si trovano di quando in quando a dover affrontare dei nemici dei gatti, dei quali non riescono a liberarsi e la cui antipatia in certe circostanze non riescono proprio a evitare. Ci sono i proprietari di cani che invitano il loro animale a giocare a «prendi il gattino», e a questo proposito vorrei osservare che fra cani e gatti non vi è un'inimicizia innata, ma che possono sorgere dei malintesi relativi ai loro diversi linguaggi corporei. Altre persone riempiono il giardino di esche avvelenate perché hanno paura che le loro preziosissime piante possano essere rosicchiate dal gatto.

Non poche donne si sentono impotenti nei confronti di tutte queste aggressioni. Ma ci sono diversi modi per ingannare i nemici dei gatti a beneficio dei propri mici. Poiché di solito in questi casi si tratta di esemplari estremamente insicuri del genere maschile di Homo sapiens, si consiglia di «adularli» come farebbero i gatti e di lusingarli il più possibile fino a poterli annoverare fra le fila degli ammiratori segreti e un po' ritrosi, oppure di minacciarli con violenza di azioni legali e di metter loro paura. Dato però che queste persone amano la guerra e per lo più dispongono di buoni avvocati, il primo metodo è il più vantaggioso. Vedrete che prima o poi arriveranno a mangiarvi dalla mano, ma a questo punto dovrete assolutamente evitare di far notare loro che fra le leccornie che avete a disposizione ci saranno solo cose per gatti e non piatti di pesce o biscottini al formaggio fatti in casa.

Muse feline
e camere di donne

Quando si sfogliano i libri sui gatti, si trovano molti uomini importanti di cui si narra del loro amore per i gatti. Rari sono gli accenni alle amanti dei gatti conosciute, a eccezione di alcune, davvero poche, che vengono ricordate a mo' di alibi, come Colette o Rita Mae Brown. Trovare testimonianze autentiche di donne famose amanti dei gatti riguardo al loro rapporto con il loro animale è ancora piuttosto difficile. Proprio perché in genere le donne sono considerate tipiche appassionate dei felini, stupisce molto quanto straordinariamente esiguo sia l'esito delle mie ricerche. La mia libraia mi ha fatto scherzosamente osservare: «Che strano che si sia scritto così poco delle donne amanti dei gatti, ma che bello che qui gli uomini siano ricordati per l'amore per i loro animali domestici!». A quel punto mi sorge spontanea la domanda se non sia considerato poco mascolino amare un gatto. Se così fosse, non dovrebbe stupire che gli uomini famosi non si siano mai vergognati del loro amore per il proprio gatto: in fondo, non si tratta poi di perfetti sconosciuti che potrebbero essere screditati come troppo teneri, bensì di artisti o scrittori famosi, poeti oppure pittori. E a loro viene concessa qualche piccola mania.

Che le donne ricevano molte meno citazioni nei libri sui felini che si dedicano di sfuggita anche ad amici famosi dei gatti dipende forse dal fatto che le donne che fanno «concorrenza» agli uomini nel loro stesso campo spesso vengono trascurate. In secondo luogo, il rapporto fra donna e gatto, a quanto pare, viene considerato come qualcosa di ovvio, per cui non si ritiene necessario dargli rilievo. Perciò, è forse comprensibile che le sorelle Brontë in quanto «vergini» e zitelle amassero i gatti. Si può invece considerare fuori dall'ordinario e degno di menzione il fatto che Ernest Hemingway vivesse a Cuba insieme a trenta gatti. Per quanto riguarda gli uomini famosi, a quanto pare nessuno si pone mai la domanda di chi si occupasse dei loro benamati felini.

In ogni donna si nasconde qualcosa di speciale. Tuttavia, non tutte quelle che se lo meriterebbero sono diventate famose. Lontano dalle luci della ribalta ci sono moltissime donne che vivono vite fuori dall'ordinario. E non tutte le donne hanno la possibilità di avere un lavoro con cui potersi fare un nome. Spesso quelle che svolgono i lavori più importanti nell'ambito della società rimangono sconosciute e parlo ad esempio delle ostetriche, che aiutano con competenza e affetto molte donne a dare alla luce i loro figli, così come delle donne con cariche onorifiche che in tutto il mondo svolgono attività filantropiche, delle donne che allevano i propri figli da sole, che affrontano con orgoglio le difficoltà e sanno organizzare la vita quotidiana, delle domestiche e delle casalinghe che liberano gli uomini e le donne di successo da ogni problema perché possano seguire la loro strada. Questa lista potrebbe andare avanti all'infinito. Moltissime di queste donne condividono la loro vita con uno o più gatti. In rappresentanza di queste donne, per le quali quasi nessuno spende una parola e che non sono indicate in nessuna cronaca, verranno ricordate in questa sede alcune famose amanti dei gatti.

Politiche, scrittrici, artiste creative e scienziate: per tutte loro il gatto è un buon compagno sulla strada del successo, che soprattutto per il sesso femminile è spesso irta di ostacoli; vicino a lui possono comportarsi per quello che sono. Intelligenti, capaci di imporsi, coraggiose e tuttavia sensibili, femminili e di tanto in tanto anche bisognose d'affetto.

Da Rosa Luxemburg a Hillary Clinton: le politiche

Rosa Luxemburg aveva un legame molto stretto con il suo gatto. Grazie alle circostanze particolari della sua vita oggi ne sappiamo relativamente abbastanza.

La politica di origine polacca, nata nel 1871, fu la cofondatrice del Partito socialdemocratico dei lavoratori del regno di Polonia e Lituania, e in seguito in Germania diventò la teorica principale dell'ala sinistra della SPD. Con Karl Liebknecht, la statista ormai affermata fondò poi lo Spartaksbund. Nel 1918 collaborò in larga misura alla creazione del Partito comunista di Germania. Nel 1919 venne assassinata da ufficiali dell'esercito per il suo impegno politico.

Nella sua vita difficile e pericolosa, Rosa Luxemburg fu sempre accompagnata dalla sua gatta Mimì, che affascinò anche Lenin, che la conobbe a Berlino nel 1912. Sul rapporto fra la Luxemburg e questo animale oggi sappiamo qualcosa di più che non rispetto al rapporto fra altre donne famose e i loro gatti, perché sono state conservate numerose lettere di questa politica che essa scrisse durante le sue permanenze in prigione soprattutto alla sua segretaria privata Mathilde Jacob. Da queste lettere si deduce quanto fosse stretto il suo legame con questo animale.

Quando una volta, probabilmente nel 1915, Mathilde Jacob portò via il gatto in una cesta dall'appartamento della Luxemburg per un giorno, la rivoluzionaria incarcerata le scrisse inorridita in una lettera: «La Mimì portata in una cesta, tenuta con lei per un giorno e poi restituita! Come se si trattasse di una qualsiasi creatura della specie *felis domestica*! Ora, sappia lei, anima buona, che Mimì è una piccola ipersensibile, una principessina suscettibile in forma di gatto, che già quando io, sua madre, una volta cercai di portarla fuori di casa con la forza, si fece venire i crampi dall'agitazione e mi si irrigidì fra le braccia, per cui dovette essere riportata nell'appartamento con quegli occhietti spiritati, e ritornò in sé solo dopo ore. Sì, sì. Lei non ha idea di che cosa il mio cuore di madre non abbia già passato. Perciò, lasciamo a casa la piccola Mimì».

In seguito, però, dovette cercare a Mimì una nuova casa per un periodo più lungo, e perciò scrisse alla sua segretaria: «Le conferisco il massimo onore che potrei concedere a un essere mortale: le affido la mia Mimì! [...] Dovrà trasportarla in braccio (assolutamente non in una cesta o in una sacca!!!), facendosi aiutare dalla mia governante, che potrà collaborare al meglio con lei (parlo per il viaggio, non per la vita) per preparare tutte le cose di Mimì (la sua cassetta, la lettiera, la ciotola, il cuscino e, la prego, la prego! la poltroncina di stoffa rossa a cui è abituata). Poi potrà mettere tutto in macchina».

Del suo particolare rituale di tenerezze con Mimì, Rosa Luxemburg dà notizia nelle sue lettere: «Baci per me la Mimì sui due occhietti, come le piace sempre che io faccia», scrive ancora a Mathilde Jacob. La prigioniera voleva sempre essere tenuta al corrente riguardo al suo gatto. A quanto diceva lei stessa, leggeva «innumerevoli volte» i passi riguardanti Mimì nelle lettere di Mathilde Jacob, e spesso firmava la sua corrispondenza alla segretaria con «Sua e di Mimì R.L.».

Se Mimì non era del tutto in forma oppure era ammalata, la sua padrona le faceva pervenire qualche piccola sorpresina persino dalla prigione: «Perché», così scriveva la Luxemburg alla Jacob, «Mimì si è trovata di nuovo in quelle condizioni di cui mi ha scritto? Di sicuro c'è qualcosa che non va allo stomaco. Ha ancora un po' di latte condensato per lei? Io continuo a mettere da parte le uova che le invio tramite Martha perché Mimì possa averne ancora. Ho tanti rimorsi di coscienza perché non posso mandarle della carne, ma ne rimane talmente poca, e poi ho paura che non arrivi fresca».

Quando in una lettera la segretaria fece sapere con cautela alla Luxemburg che Mimì era malata (in realtà la gatta era morta già da qualche mese, e la Jacob non voleva gravare la Luxemburg con questa notizia), la prigioniera in carcere sembrò perdere la calma: «E adesso mi scrive soltanto che Mimì è malata. E io devo accontentarmi di questo! Nessuna spiegazione sul perché e il percome! E tutto questo parlare dell'"età" di Mimì! Un anno fa, quando sono stata imprigionata, era ancora abbastanza giovane e bella e in salute e in ottimo stato. [...] E tutt'a un tratto devo sentire parlare della sua "età"! Ora la prego di farmi sapere *immediatamente* e *con precisione*: 1) da quando Mimì è malata; 2) quali sono i sintomi; 3) se e da quando si sono riscontrati dei peggioramenti; 4) se mangia e *che cosa*; 5) da quale veterinario l'ha portata. [...] Le farò sapere della mia salute tanto quanto lei mi scriverà della salute di Mimì [Corsivo di R.L.]». Quando alla fine venne informata della morte del suo amato animale, cercò di superare il profondo dolore pensandola il meno possibile: «Non voglio più scrivere nulla di Mimì, chiudiamo questo doloroso capitolo».

Fra il 1944 e il 1945, Emilie Schindler aiutò attivamente il marito, l'industriale Oskar Schindler, a salvare dall'olocausto quasi milleduecento ebrei e le loro famiglie. Così facendo mise ripetutamente in pericolo la propria vita. Nel 1994 la rivista *Emma* raccontò che la ex oppositrice del regime viveva con quasi venti gatti in una località nei pressi di Buenos Aires.

Fra gli amanti dei gatti, Margaret Thatcher è forse meglio ricordata (!) per il suo famoso gatto Humphrey che non come ex primo ministro della Gran Bretagna. Allora il suo gatto compariva nei titoli dei giornali e fu oggetto di discussione fra i britannici amici dei gatti perché la Thatcher lo sottometteva a una rigida dieta sotto controllo medico per via del suo enorme aumento di peso.

Hillary Clinton, insieme al marito Bill, portò alla Casa Bianca a Washington un *famous political cat*. Il celebre gatto Socks riceveva numerose missive da moltissimi ammiratori amanti dei gatti sparsi in tutto il mondo, a cui rispondeva con diligenza con i suoi collaboratori «armati di penna».

Da Colette a Rita Mae Brown: le scrittrici

A rappresentare tutte le donne scrittrici più o meno conosciute appassionate di gatti citeremo qui alcune signore note. In primo luogo Sidonie-Gabrielle Colette (1873-1954), che era un'entusiasta amica dei felini. Solo a poche donne francesi è stato portato tanto rispetto quanto a Colette in virtù delle loro prestazioni letterarie. A vent'anni pubblicò i suoi primi libri e racconti. E i francesi non erano affascinati solo delle sue opere letterarie, ma la ammirarono anche come attrice e danzatrice quando decise di calcare le scene.

Una gran parte delle sue storie, che scriveva a penna su carta azzurrina odorosa di lavanda, trattava di gatti o dell'amore per questi animali. Così ne *La naissance du jour* («La nascita del giorno»), scriveva di Chat, un gatto Certosino: «Potrei mai ammirare abbastanza gli animali? Questa è unica come un'amica che non si può sostituire, come l'innamorato senza macchia. Da dove viene l'amore che lei prova per me? Ha adattato da sola il suo passo al mio e il legame invisibile che va da lei a me faceva pensare a un collare o a un guinzaglio. Li accettava entrambi e li portava e sembrava sospirare: “Finalmente”. La minima apprensione faceva apparire più vecchi e smorti i suoi occhi dorati, striati d’azzurro in mezzo al suo musetto magro e teso. Nel rapporto di coppia aveva pudore, avversione per i contatti eccessivi. Non voglio parlare oltre di lei. Il resto è silenzio, fiducia, sconvolgimento d’animo, ombre azzurre su carta blu che accoglie tutto ciò che scrivo, passaggio silenzioso di zampe di velluto striate d’argento».

Queste parole di Colette mi fanno pensare anche al mio stesso gatto: lo sguardo critico della mia Nicoline, con cui, seduta sul bracciolo della mia sedia, mi osserva oltre la spalla mentre scrivo queste righe, sembra dirmi: «Ah, se tu scrivessi qualcosa di simile su di me!».

Colette diceva di sentire un debito di riconoscenza nei confronti dei gatti. Sosteneva che i gatti acquistano onestà con la simulazione e che esercitavano una grande influenza su di lei. Secondo lei, solo con il rapporto con i gatti ci si può davvero arricchire. Sul tema del rapporto fra donna e gatto aveva un’idea altrettanto chiara: «Le donne sono come i gatti: le si possono costringere a fare solo ciò che vogliono».

Allo stesso modo, anche Charlotte Brontë, che scriveva soprattutto sotto lo pseudonimo maschile di Currer Bell, era molto affezionata ai gatti. Il primo romanzo che la Brontë pubblicò con il nome di Bell, che finì sul tavolo dell’editore londinese Smith & Elder-Haus nel 1846, le fu rimandato indietro con la motivazione che non aveva sufficiente profondità, per quanto mostrasse del talento. La Brontë non si fece scoraggiare, diede inizio a un nuovo tentativo e qualche anno dopo inviò a Londra un nuovo romanzo, *Jane Eyre*, che entusiasmò l'Inghilterra vittoriana per la sua originalità, la sua vivacità e la sua ricchezza di linguaggio.

Anche le due sorelle di Charlotte, Emily e Anne, redassero dei romanzi sotto lo pseudonimo di Ellis e Aucton Bell. In quanto figlie nubili di un parroco, le tre sorelle vivevano in campagna, strettamente legate alla brughiera natia e al ritmo della natura, dove i gatti facevano parte della famiglia non soltanto come cacciatori di topi.

Indimenticata rimane la scrittrice americana Patricia Highsmith, nata nel 1921 e morta nel 1995, che visse in Francia. I suoi gialli ancora oggi riempiono i suoi lettori di brividi lungo la schiena. La scrittrice era un'amica dei gatti siamesi e come molti altri autori inseriva i suoi compagni di vita a quattro zampe nei suoi romanzi.

Il gatto assassino Ming invece non viveva con lei, ma lasciò le sue tracce letterarie solamente nella sua fantasia. Al suo gatto Spider dedicò addirittura un libro: «Al mio caro Spider [...] che mi ha accompagnata per quasi tutto il libro».

La scrittrice Doris Lessing crebbe in Africa con gatti domestici e selvatici. Il suo rapporto con gli animali è piuttosto inconsueto per una donna, in quanto essa non ne apprezzava le qualità quali l'attaccamento e la tenerezza, come invece fanno molte altre donne. Invece, per lei i gatti erano sempre così importanti che con Isolde Ohlbaum compilò un *Libro dei gatti* in cui narrò delle sue esperienze con i felini. La

Lessing apprezzava piuttosto la completa indipendenza dei gatti e un eccesso di intimità la irritava: «La vita di un gatto di città è così innaturale che non riesce mai a sviluppare l'indipendenza tipica di un gatto di campagna. Mi disturba che stia in attesa del ritorno del suo padrone, come farebbe un cane; che voglia stare nella stessa stanza e richieda attenzioni, come farebbe un cane». Tuttavia, la Lessing creò un rapporto particolare con i gatti. Per esempio, seguì piena di compassione la morte di un micino nero: «Non rifiutò quello che gli veniva offerto: si limitò a ignorarlo. Il cibo era una cosa che aveva lasciato dietro di sé. Non voleva ritornare alla vita, non voleva».

Rita Mae Brown scrive romanzi femminili, ma uso questa definizione non nel senso di sdolcinati. I suoi libri sono pieni di forza e passione femminile, ma anche di un certo tipo di umorismo. Ha scritto moltissimi gialli, per sua ammissione insieme alla sua ronfante coautrice a quattro zampe Sneaky Pie Brown, e nelle interviste sottolineava sempre come fosse in realtà il gatto a scrivere, mentre lei rimaneva in secondo piano. Può davvero essere così, a vedere la differenza fra i suoi romanzi e i suoi gialli, per quanto vi si riconosca uno stile simile. A quanto pare risulta assodato, se si prendono queste affermazioni per oro colato, che dopo anni di vita in comune, donna e gatto finiscono per assomigliarsi fra loro.

Con libri come *Six of one*, al cui centro stanno figure di donna ambigue e argute, la Brown si è fatta in tutto il mondo un nome come autrice che comprende la natura femminile e la sa raffigurare nel modo più sensibile.

Rita Mae Brown nacque nel 1944 a Hanover, in Pennsylvania, e crebbe in un ambiente povero. Dopo essere stata costretta a lasciare l'università della Florida a causa del suo impegno nel movimento per i diritti civili e a favore delle lesbiche, andò a New York a studiare arte e riuscì a imporsi nonostante tutte le difficoltà.

Nei suoi libri appare chiaro che cosa sia importante in ultima analisi per lei: un rapporto ragionevole, affettuoso e sereno fra gli uomini e fra uomini e animali. Il rapporto fra la sua protagonista Harry e le principali figure animali, i gatti Miss Murphy e Pewter o il cane Tee Tucker, è contrassegnato da rispetto, tenera comprensione per le debolezze dell'altro, attenzione senza predominio e un profondo amore che viene descritto senza cadere nel banale. Rita Mae Brown ritiene che la comprensione sia indispensabile nella vita: «Non sopporto le persone che non hanno sensibilità nei confronti degli animali. Del resto, io prendo le persone così come sono. Non le vedo come gatti perfetti, mi attengo a quanto diceva Sartre: "L'inferno sono gli altri"».

Oggi la Brown vive e lavora con il gatto tigrato Sneaky Pie Brown, che, essendo nato nel 1982, deve ormai avere la sua bella età, in una fattoria a Charlottesville in Virginia. Sneaky fra l'altro non è soltanto una brava autrice di gialli che per forza di cose non sa nascondere del tutto una certa voglia di uccidere e qua e là ricorda un po' il personaggio giallo di Miss Marple. Per tutti i gatti per i quali passare tutto il giorno soli in casa diventa noioso, Sneaky Pie alias Rita Mae Brown ha creato moltissimi giochini di erba gatta, che si possono acquistare presso la American Artists di Charlottesville. Resta solo da sperare che Sneaky Pie Brown si scelga un degno successore prima di raggiungere per sempre i campi di caccia eterni. Il suo amico Pewter non può farcela, è semplicemente troppo simpatico per riuscirci.

Anche in Germania vi è un'amica dei gatti molto conosciuta e versatile. La scrittrice Elke Heidenreich ha già stupito gli amanti dei gatti con diversi gialli incentrati su questi animali. Senza i mici lei non può proprio vivere: «Ma senza di voi, senza peli sui cuscini, senza visite dal veterinario, senza notti agitate e soprattutto [...] senza di voi [...] senza fusa, senza grazia, senza dolci miagolii quando rientro a casa, senza strofinamenti contro le gambe, senza qualcuno che mi si acciambella in grembo [...] senza di voi: inimmaginabile!».

Da Sarah Bernhardt ad Anna Magnani: le attrici

Grande fama riscosse l'attrice francese e amica dei gatti Sarah Bernhardt davanti alla quale si inchinò perfino il principe di Galles, il futuro re Edoardo VII. Eppure la vita sfrenata di suo figlio al tavolo da gioco la portò, per salvarlo dalla rovina, verso attrazioni sempre nuove con cui affascinava il suo pubblico. Così, in una biografia si legge: «Sarah è diventata il più grande genio pubblicitario del suo tempo: fluttua su Parigi sul suo pallone [...] in America dorme in una bara, con grande entusiasmo del direttore di circo Barum, altrettanto abile nei suoi affari. Non si perita di colpire con il frustino la redattrice del libretto "Memorie di Sarah Barum" [...]. Come "Signora delle camelie", come "Duca dell'impero", incanta l'Europa, l'America e l'Australia; ancora a settant'anni interpreta in modo credibile il ruolo della pulzella nella "Santa Giovanna"». Nella sua vita così movimentata, i felini devono aver costituito un grande elemento di equilibrio, e in particolare amava la sua pantera, con la quale suscitava grande scalpore quando la portava a spasso lungo il Bois de Boulogne.

Nel circo è raro vedere gatti ammaestrati. Questo dipende da una parte dal fatto che il pubblico si aspetta per lo più attrazioni che tolgono il fiato che non per esempio un animale domestico che cammina sulla corda. Inoltre i gatti, anche quando sono bene addestrati, possono creare difficoltà al loro domatore a causa della loro ostinazione e per il fatto che si fanno distrarre facilmente, e questo potrebbe essere di ostacolo allo svolgimento tranquillo dello spettacolo. Tuttavia l'olandese Maria Uyterlinde, figlia dell'ammaestratore Jos Uyterlinde, del circo «Maus», il circo più piccolo del mondo, ha elaborato un numero in cui il gatto siamese Minni si presenta davanti al pubblico insieme a due topi di nome Hermine e Agathe. Ma i numeri durano solo un paio di minuti, perché Minni, quando non ha più voglia di «giocare», si rifiuta categoricamente di fare ciò che le chiede Maria.

In una serata di gala dal titolo «Stelle al maneggio», anche Juliette Greco fece furore come domatrice di gatti, quando offrì al pubblico il numero felino «gli animali di Nicolici».

Anche l'attrice Sophia Loren, che affascina gli spettatori non soltanto con i suoi occhi da gatta sottolineati dal kajal, è nota come una grande amante dei gatti.

L'attrice americana Drew Barrymore amava così tanto il suo gatto da voler rimanere legata a lui anche dopo la sua morte. Ordinò dunque: «Se dovessi morire prima del mio gatto, le mie ceneri vengano mescolate alla sua pappa, così che io continui a vivere in lui».

In molti paesi meridionali lo stato non si occupa della protezione animale. Il compito di interessarsi degli animali bisognosi ricade quasi sempre sulle spalle di privati, leggi di donne. A Ibiza vi è un gruppo di donne tedesche e olandesi che si premurano di procurare cure mediche, alimentazione e anche di trovare una famiglia a cani e gatti senza padrone. Il progetto è sostenuto da due veterinarie tedesche.

A rappresentare tutte le donne che nel loro tempo libero si occupano degli animali, che non hanno una loro lobby, ricorderemo qui Anna Magnani, che viveva a Roma e si fece un nome non soltanto come attrice, ma anche come grande amica dei gatti randagi e senza padrone. Bisogna ringraziare il suo intervento se a Roma, ai suoi tempi in una vecchia chiesa e oggi presso un sito archeologico, i gatti ricevevano e ricevono regolarmente ancora oggi cibo e cure mediche. Nel suo lavoro essa fu notevolmente aiutata dalle colleghe Silvia Viviani e Lia Dequel, oltre che da molte sconosciute amiche dei gatti che, come tutti coloro che sono impegnati nella protezione dei gatti e degli animali in genere in tutto il mondo, hanno saputo dare concretezza alla loro compassione e allo stesso tempo sfruttare i loro mezzi economici per lo più davvero ridotti.

Da Rosina Wachtmeister ad Anita Janosova: le pittrici

In letteratura si trovano molti pittori che hanno raffigurato dei gatti, e fra questi Louis Wain, Paul Gaugain o Théophile Alexandre Steinlen. Eppure anche le donne hanno dipinto gatti, come per esempio la francese Niki de St. Phalle o l'austriaca Rosina Wachtmeister.

Rosina Wachtmeister, nata a Vienna nel 1939, vive oggi, dopo aver fatto del Brasile la sua patria per qualche tempo, in un piccolo paesino italiano nei pressi di Roma. In molte delle sue opere così rasserenanti i gatti sono l'elemento centrale.

Una grande amica dei gatti deve essere stata anche la pittrice olandese Henriette Ronner-Knipp. Nata nel 1821, apparteneva alla famiglia di pittori Knipp, che risale al XVII secolo. A partire dal 1870, si dedicò esclusivamente alla raffigurazione di gatti. Nei suoi quadri così romantici, i gatti ritratti sono «carini» e scherzosi. Essa era in grado di rappresentare la natura svagata e il comportamento tipico delle mamme gatto e dei loro piccoli.

Lesley Fotherby, nata nel 1946, è diventata famosa dipingendo gatti; i suoi quadri si distinguono per una grande fedeltà ai dettagli. L'artista inglese ha studiato il design tessile e di moda ed è una maestra qualificata. Il suo interesse per i gatti e per la natura appare evidente nei suoi quadri.

Anche dell'artista americana Anita Janosova si può presumere che sia molto vicina ai felini, anche quelli grandi; lo si deduce dai suoi grandi e dettagliati quadri d'ambiente dai colori forti in cui si dedica non soltanto al tema del gatto, ma elabora anche tematiche femministe. Anita Janosova ha studiato a Chicago, Philadelphia e in Italia. Lavora molto con archetipi e concetti secondo le teorie di C.G. Jung. Da quadri come la «Sognatrice», in cui si vede una donna che sogna fra sé e sé con un gatto rilassato che sonnecchia ai suoi piedi, traspare una grande sensibilità.

Razionale e irrazionale

Quando le donne sognano il loro gatto

Le donne sognano il loro gatto più spesso di quanto comunemente si creda. Nell'interpretazione generale dei sogni, i sogni sui gatti sono considerati segni positivi o negativi per determinate circostanze, a seconda dell'atteggiamento del sognatore e a seconda del fatto che sia bene o mal disposto nei confronti dei gatti. Ma lasciamo da parte quello che gli interpreti dei sogni, per lo più uomini, hanno stabilito per le interpretazioni dei sogni. È molto più interessante sapere quello che le donne stesse pensano dei loro sogni sui gatti e come esse li interpretano.

Così ad esempio Charlotte, che ha un gatto siamese, mi racconta dei suoi ricorrenti sogni sui gatti: «Ogni tanto sogno di girare in giardino con il mio gatto. È fantastico, perché in questi sogni vivo il mio ambiente da una prospettiva del tutto diversa. Lì sono molto più piccola, vedo tutto da un'altezza diversa, ma con molta più intensità. Sono veloce e agile, molto vivace, e ho un udito migliore. A volte in questi sogni ho paura di allontanarmi troppo da casa, temo di non saper più ritrovare la strada del ritorno. Altre volte mi sento libera da ogni costrizione, forte e coraggiosa. Se posso, metto per iscritto questi sogni in un quadernetto e alla sera me li rileggo con calma. Questi sogni mi hanno offerto la possibilità di confrontarmi con me stessa, con il mio io interiore e con i miei desideri e le mie speranze più nascosti».

In molti di questi sogni le donne offrono a se stesse in forma di gatto la possibilità di muoversi in un mondo di fantasia e scivolano letteralmente nella pelle di questo animale. Tutt'a un tratto una donna è agile, destra e veloce. A volte è anche aggressiva, apparentemente maligna e pronta a combattere. In altri sogni il gatto appare come modello ideale del proprio io.

«Proprio perché a volte nei miei sogni sono un gatto, ho capito che non sono solamente una persona riflessiva, contraddistinta dalla ragione, ma che in me si nasconde anche qualcosa di animalesco, di selvaggio, che altrimenti non avrei percepito così in fretta. Quando mi sento costretta o non riesco a trovare la soluzione a un problema, nei sogni a occhi aperti cerco di essere un animale, per lo più un gatto. Allora mi lascio andare, mi costringo a lasciare da parte la ragione e a limitarmi a sentire. A volte riesco così a trovare una soluzione. Altrimenti, questo viaggio immaginario mi aiuta comunque a rilassarmi talmente che riesco nuovamente ad affrontare il mio problema razionalmente». Lo dice Brigitte, che condivide la sua vita con due gatti domestici.

Sono in particolare le donne che si trovano in una

fase di ricerca della propria identità a sviluppare in sogno la possibilità di essere così come desiderano. In sogno il gatto può anche assumere il ruolo di qualcun altro che sta vicino alla donna.

Per le donne può essere davvero rilassante prendere nota dei propri sogni sui gatti per poi interpretarli successivamente. Tutto questo però non deve diventare un'attività forzata, bensì dev'essere piuttosto un divertimento e servire da chiave per raggiungere la propria vita spirituale.

Durante il Medio Evo, gli interpreti dei sogni in Oriente credevano che fosse presagio di una malattia imminente sognare un gatto che si grattava. Il miagolio di un gatto doveva essere il segno che il sognatore avrebbe avuto un anno tranquillo. Se il gatto strappava qualcosa, vi si poteva leggere un accenno alla visita di un ladro in casa. Il graffiare e il mordere del gatto in sogno indicavano che si aveva alle proprie dipendenze un servitore che presto avrebbe perpetrato un imbroglio.

Inoltre, il gatto in sogno era il simbolo di una donna traditrice: «Una donna andò dall'interprete dei sogni Ibn Sirin e gli disse: "Ho sognato un gatto che nascondeva il capo nel ventre di mio marito e ne portava via un pezzo". Ibn Sirin rispose: "A tuo marito sono stati rubati trecentosedici dirham". La donna ribatté: "È vero, ma come lo sai?". E lui spiegò: "Con la conta delle lettere, la parola *sinnauer*, 'gatto', ha il valore di trecentosedici". Essi sospettarono uno degli schiavi e lo batterono, ed egli confessò il furto».

I ritmi lunari influiscono su tutta la vita sulla terra. Già Charles Darwin aveva stabilito: «L'uomo, come i mammiferi, gli uccelli e perfino gli insetti, è soggetto a quella misteriosa legge secondo cui certi processi come la gravidanza, la crescita delle piante e la loro maturazione, la durata di certe malattie dipendono dai periodi lunari». Per migliaia di anni gli uomini sono vissuti in armonia con i molteplici ritmi della natura e conoscevano anche gli influssi lunari.

Presso molti popoli, la luna ha natura femminile, ad esempio si dice *la luna*. Il gatto è l'animale che rappresenta il segno della luna e la dea della luna. «Quando il gatto diventò l'animale principale della luna», spiega Barbara G. Walker, «il o la confidente tradizionale delle streghe era Greymalkin o Grimalkin, un gatto grigio». Chi condivide la sua vita con un gatto può osservare e soprattutto sentire con che forza i gatti reagiscano ai ritmi della luna. Le grida assordanti con cui nelle notti di luna piena gli animali distolgono i loro padroni dal sonno non sono un semplice ululare alla luna. Dipendono piuttosto dal loro essere in calore e dall'accoppiamento vero e proprio dei gatti che spesso si tiene in questo periodo. In tal senso si devono interpretare anche i confronti violenti fra gatti rivali che si contendono una femmina.

Inoltre, spesso le gatte partoriscono i loro piccoli con la luna piena. Perciò prima si pensava che le gatte avessero i piccoli dopo cinquantasei giorni di gravidanza, mentre la valutazione corretta è che i piccoli vengono alla luce dopo un periodo compreso fra i sessantatré e i sessantasette giorni dall'accoppiamento.

Molte ostetriche confermano che proprio nelle notti di luna piena devono fare gli straordinari in sala parto, perché in quel periodo vengono alla luce molti più bambini che durante le altre fasi lunari. Se la luna influenza le maree, bassa e alta, perché allora non la vita di tutti gli esseri viventi, che sono composti al sessanta per cento di acqua?

Gatti meteorologi, sussurri di streghe e un po' di superstizione

Molte donne sono meteoropatiche, come si usa dire, il che non vuole dire che si lamentano del clima troppo caldo o troppo freddo, che soffrono costantemente di emicrania o che hanno problemi circolatori, bensì che percepiscono le variazioni corporee a seconda del clima e di conseguenza si sentono bene o male.

In Savoia, sulle Alpi francesi e nelle zone limitrofe, si credeva che si potesse riconoscere fin dalla più tenera età una persona con una tendenza alla stregoneria dalla sua «natura felina», come spiega Sergius Golowin: «È sensibile al tempo, con il cattivo tempo o pettinandosi provoca scintille, al buio vede meglio degli altri». In genere si ritiene che le donne siano più sensibili al tempo rispetto agli uomini, e anche i gatti sono conosciuti per questa qualità. Così la pensa anche Ulrich Klever: «I gatti sono meteoropatici: un'ulteriore prova della loro sensibilità alle radiazioni. Infatti, le variazioni del clima sono variazioni dei campi elettrici, con scariche in occasione delle quali vengono liberate radiazioni elettromagnetiche nel campo delle onde lunghe molto prima di qualsiasi variazione della pressione atmosferica. I gatti reagiscono con un comportamento individualmente atipico, come il veterinario viennese dottor Ferdinand Brunner ebbe occasione di constatare. Durante le giornate calde, afose (i cosiddetti giorni canicolari), i gatti sono più pronti a difendersi nelle visite veterinarie; per un intervento relativamente indolore possono subire uno shock mortale in conseguenza delle necessarie misure coercitive applicate». Golowin racconta che sua nonna credeva che i concetti di «lampo, gatto e strega» fossero inscindibili, una convinzione dietro alla quale stava l'idea che le streghe influenzino il tempo e quindi siano in grado di scatenare un temporale. È da questa idea, probabilmente, che nasce l'espressione tedesca *Gewitterhexe*, «strega del temporale».

In particolare, i gatti che possono scorrazzare liberamente corrono a casa poco prima che scoppi un temporale e non vogliono più assolutamente saperne di uscire. Al tempo stesso si può osservare che gli animali diventano irrequieti e che si «aggirano» nervosamente avanti e indietro per casa.

Poiché le levatrici, così come le omeopate e le erboriste, spesso indicate come «donne sagge», in passato vivevano solitamente insieme ai gatti, probabilmente dal comportamento degli animali e grazie alla loro conoscenza dei segnali della natura sapevano prevedere l'arrivo del brutto tempo. Così alcune di loro erano sicuramente in grado di utilizzare queste conoscenze per i loro scopi, «dimostrando» alle persone ingenue il loro potere sul tempo per mezzo di qualche trucchetto.

La credenza popolare nell'influenza delle cosiddette streghe sul tempo appare chiara in un vecchio spettacolo di burattini della Renania, in cui le streghe della notte si riuniscono in un campo sacro e cantano insieme: «Maestro, esci fuori dal tuo crepaccio! / Ululi la tempesta nell'aria. / Dilaghi il temporale in lungo e in largo. / Oh, portaci un forte tuono!».

Com'è noto, le streghe esistono tutt'oggi. Non vivono nel bosco nascoste in una casetta di marzapane e non hanno un aspetto orribile con la gobba e i porri sul naso, ma si tratta di donne moderne, che operano la magia bianca. Molte di queste donne amano i gatti così come le altre. Forse però esse si sforzano con un po' più di consapevolezza di essere felici, e sono comunque più legate delle altre alla natura e alle energie che abbiamo a nostra disposizione.

L'indovina Maria vive insieme a sette gatti e ritiene che senza di loro non potrebbe mai guardare altrettanto bene nel futuro. Inoltre, pensa anche che i suoi gatti siano una sorta di oracolo. «Lungo i molti anni in cui ho cercato di mostrare a chi mi chiedeva aiuto le possibili strade da percorrere e le loro conseguenze nel futuro, i miei gatti sono stati per me degli ottimi consiglieri. Soprattutto Frieda, una gatta domestica nera, ha delle antenne fuori dall'ordinario. Con la sua spiccatissima sensibilità mi svela chi mi trovo davanti attraverso il suo comportamento nei confronti del mio visitatore e grazie a semplici immagini. Gli uomini non riescono a credere a cose semplici e hanno bisogno di una prova per tutto. Riesco a convincerli in fretta delle mie capacità se anche senza guardare le carte posso dire loro perché sono venuti da me. E per farlo combino insieme con grande capacità la mia conoscenza degli uomini e l'istinto di Frieda».

Per gli sciamani gli animali in generale, anche gli animali totemici, sono compagni del potere. «Coloro che seguono con fedele coerenza la tradizione sciamanica sono ancora oggi dell'idea che ogni persona, essendo nata con doti particolari, ad esempio con una bella voce, il talento della pittura o della scultura o una accentuata predisposizione per le lingue, abbia anche fin dalla nascita uno spirito protettore legato alla peculiare qualità.

«In generale si parla in questi casi di un animale totemico. Esso funge da protettore e da guida, sia nei regni interiori sia nel mondo fisico, e può assumere la forma di un compagno invisibile, di un animale, di un uccello o di un pesce», spiega John Matthews. Spesso i bambini hanno un compagno e un seguace immaginario e invisibile agli adulti con cui vivono le loro avventure e che serve loro da coscienza e li protegge dai pericoli. Quando ne parlano ai loro genitori, questi reagiscono divertiti o cercano di dimostrare loro razionalmente che esseri del genere non esistono. Gli sciamani paragonano spesso questo compagno a un animale totemico.

Gli adulti devono esercitarsi a ritrovare nel profondo dentro di sé il loro animale totemico nascosto, che non sono loro a scegliere, ma a cui appartengono. L'animale totemico deve simboleggiare l'uomo come individuo oppure inquadrarlo in un gruppo di animali, ad esempio i gatti. Oltre agli animali totemici, gli sciamani credono agli animali magici che si possono invocare in situazioni difficili, per superare le quali è necessario qualcosa di più delle semplici capacità umane. «Vi fu un tempo in cui il regno degli uomini e quello degli animali erano legati più strettamente che non oggi. Vi era anche più comunicazione fra questi due regni (lo stesso vale, sia detto per inciso, anche per gli uomini e gli esseri del mondo dell'aldilà), ma a poco a poco le differenze si fecero sempre più grandi e la frattura fra i due regni si ampliò [...] In ogni caso, si deve considerare che questi animali non erano semplicemente "compagni in forma umana" o visualizzazioni: dentro il loro mondo hanno tutte le qualità di animali reali. Gli animali magici hanno tutte le qualità dei loro simili nel mondo esterno e si comportano di conseguenza. L'unica differenza consiste nel fatto che possono capirsi molto più intensamente e interiormente con i loro compagni umani di quanto non sia possibile nei più stretti rapporti fra padrone e animale domestico. Questo rapporto permette agli sciamani di scoprire cose straordinarie dal loro animale», afferma Matthews.

Nel mito celtico degli sciamani, il gatto è spesso un *caoit*, in quanto ha in sé la funzione di guardiano e protegge le forze interiori dell'uomo. Gli sciamani lo invocano fra l'altro quando si aspettano un confronto pericoloso, perché la natura selvaggia del gatto può essere molto utile in questi frangenti.

Matthews descrive un mito celtico in cui il gatto viene rappresentato come «essere mutevole»: a volte compare come coccolone amichevole e pronto a giocare, a volte come un essere estremamente capace di difendersi. Nella storia, i viaggiatori incontrano un giovane gattino che salta qua e là su quattro colonne apparentemente con fare innocente. Quando uno dei viaggiatori cerca di rubare un tesoro nascosto nelle vicinanze, il gatto si trasforma in una freccia di fuoco e riduce il ladro in cenere.

Per quanto attiene l'utilità «stregonesca» dei gatti, personalmente mi è sufficiente la buona vecchia superstizione: quando una volta l'anno il mio spazzacamino si occupa del mio camino, io gli stringo la mano, perché si sa che è una cosa che porta fortuna. Lui, dal canto suo, fa attenzione che il mio gatto nero gli attraversi la strada solamente da destra verso sinistra. Perché sapete come si dice: «Da sinistra a destra porta iella» e «Da destra a sinistra porta bene».

I GATTI PORTANO FORTUNA ALLE DONNE

Gli amuleti con figure di gatto erano simboli di protezione già nell'Egitto dell'antichità. In altri paesi si credeva che portasse bene andare d'accordo con i gatti. Come mezzo contro il rapimento dei bambini, le donne arabe appendevano al collo dei loro piccoli un dente di gatto legato con un elastico. Esse credevano che in questo modo i *ginn*, cioè gli spiriti cattivi o i demoni, non avrebbero messo in pericolo i loro bimbi.

Le donne della città di Aden, nell'odierno Yemen, credevano che i gatti fossero i protettori della città di Al-Aidarus, e che avessero il dono di trasformarsi in *ginn*. Portavano moltissime ghiottonerie ai gatti per accattivarseli e per non farli irritare.

Ora, non è assolutamente necessario essere superstiziosi per sapere che la vita in comune con un gatto di solito porta felicità. Infatti, ogni donna che sente di essere amata si sente semplicemente felice e forte. Chi è amato, da una persona o da un animale, può affrontare molto più agevolmente gli ostacoli e le difficoltà della vita. E chi ci ama in modo così incondizionato quanto il nostro gatto?

A volte però l'amore del gatto non è sufficiente per sentirsi felici, ad esempio se ci si trova in una situazione apparentemente senza via d'uscita. In questo caso può essere utile lasciare che il gatto ci aiuti per lo meno con il pensiero. La visualizzazione che segue può aiutarvi nei vostri voli di fantasia. Leggetela ad alta voce, oppure registratela su nastro. Forse aiuterà voi, e quindi anche il vostro gatto, a trovare quel rilassamento che vi occorre:

Io sto in mezzo a un bosco su di un verde prato fiorito, e il mio gatto è con me. Non ho paura, perché conosce bene il posto. Sono attenta con tutti i miei sensi all'erta. Sento il cinguettio degli uccelli e il sommesso fruscio degli alberi. Sento il vento che mi scompiglia i capelli e l'erba umida

sotto i piedi. Cammino agile e tranquilla accompagnata dal mio... (nome del vostro gatto), guardo avanti e vedo una porta così grande che non ne ho mai vista una simile.
Passo attraverso questa porta e davanti a me si apre un mondo mai visto prima. Colori che penetrano in profondo dentro di me, si diffondono come raggi di sole e mi riscaldano. Le fusa del mio gatto si legano a una musica di cui non ho mai udita l'uguale.
Procedo e vedo uno specchio. Lo guardiamo entrambi e vediamo al di là di questo mondo un altro mondo pieno di letizia. In lontananza brilla la pienezza dei miei desideri. Ci tratteniamo qui fino a che... (nome del gatto) mi guarda e mi indica di girarmi e di ritornare sui miei passi.
Questa luce nello specchio mi dà forza ed energia. Felice distolgo lo sguardo dallo specchio, mi volto e ritorno verso la porta, ... (nome del gatto) fa le fusa al mio fianco. Lo sento vicino e so di essere al sicuro. Apro la porta, oltrepasso la soglia e sono di nuovo su quel prato fantastico. È ancora rischiarato dalla luce, che mi avvolge con tenerezza, e con... (nome del gatto) ritorno nel momento presente.
Respiro profondamente, lascio scorrere il respiro, sento il ronfare del mio gatto in sintonia con il ritmo del mio respiro e mi sento leggera, piena di slancio e rilassata. Avverto una profonda calma interiore.

Un'esperienza come questa, in cui vi dedicate a una sorta di viaggio interiore, deve fungere solamente da esempio di come ci si possa allontanare brevemente dal mondo senza smarrire se stessi, ma piuttosto per ritrovarsi. Potete creare anche una visualizzazione simile a vostro uso e consumo. In essa il vostro gatto deve essere per voi fonte di felicità e deve aiutarvi a rilassarvi. Naturalmente, senza il vostro gatto, potete vivere anche moltissime avventure che possano consentirvi di acquistare una prospettiva nuova. Fatelo come vi sembra meglio. Lungo la strada che conduce alla scoperta del proprio intimo i gatti possono dimostrarsi dei piacevoli accompagnatori immaginari.

Se una simile esperienza di natura spirituale può sembrarvi un po' strana o sciocca, eccovi un esempio del tutto pragmatico per raggiungere il rilassamento o la risoluzione dei vostri problemi insieme con il gatto: preparatevi una bella serata con il vostro micio, comprategli qualche «ghiottoneria» e per voi una bella bottiglia di spumante e una scatoletta di caviale, oppure, se lo preferite, una o due bottiglie di birra e un sacchetto di patatine fritte belle unte, e magari qualche dolcetto, guardatevi alla televisione il vostro film preferito che vi faccia piangere a dirotto, oppure concedetevi qualcosa che vi faccia cadere dal divano dal ridere, o ancora fatevi un bel bagno con tanta schiuma, in modo che il vostro micio possa giocare con le bolle o con le dita dei vostri piedi che spuntano in mezzo alla schiuma, oppure fate tutte queste cose insieme... L'importante è che vi viziate e che facciate per voi e per il vostro gatto qualcosa di veramente fuori dall'ordinario. Noterete subito che il vostro micio è un vero portafortuna, anche senza bisogno di essere superstiziosi.

Così la donna si avvicinò al gatto

Il gatto è l'unico animale domestico che sia riuscito ad addomesticare l'uomo, con cui abbia sviluppato un rapporto di fiducia.

P. ROUSSELET-BLANC

QUANDO IL GATTO SI ADDOMESTICÒ: IL CULTO DEL GATTO NELL'ANTICHITÀ

Nella maggior parte delle culture, per molti millenni le donne sono state considerate le custodi della casa e del focolare. Ne deriva che sono state loro più che gli uomini ad addomesticare i gatti. La storia della letteratura presenta però opinioni molto diverse sulla diffusione e sul ruolo dei gatti. I pareri sulla popolarità del piccolo cacciatore, come il gatto falbo nubiano o africano che era di casa nell'alto delta del Nilo, sono piuttosto diversi fra loro. Inoltre vi sono differenze fra le dee e gli dei associati ai gatti.

Soprattutto fra il 4000 a.C. e il 100 a.C., il gatto era molto diffuso come animale ritenuto utile. Apparentemente si unì all'uomo perché nelle sue vicinanze l'offerta di cibo era più vasta e più facilmente raggiungibile rispetto al bottino che avrebbe potuto fare in natura. I compagni a quattro zampe tenevano roditori e serpenti lontano dal granaio e dalla cucina. Da questa comunione d'interessi si sviluppò successivamente un rapporto uomo-animale pieno di rispetto e anche di amore. Gli egizi erano convinti che nei gatti che essi veneravano vivessero le anime di tutti gli animali tanto stimati. Perciò nello sguardo del gatto si potevano distinguere le migliaia di anime e di spiriti che vivevano in esso.

Nei settori superiori della società, fra gli animali veniva operata una selezione che però si differenziava notevolmente dal nostro allevamento moderno dei gatti. Nelle cucciolate di gatti vi erano, come oggi, esemplari più docili e altri più selvatici. Quelli più affettuosi e giocherelloni venivano considerati i migliori per la vita domestica. Forse proprio per questo motivo per una gatta in calore si sceglieva un gatto dal temperamento simile. Questo veniva fatto non soltanto per motivi estetici, ma anche per mantenere determinate caratteristiche naturali. Si tratta a quanto pare delle prime forme di selezione, a cui però, come già detto, si dedicavano solamente i privilegiati.

La scelta diretta dei gatti era effettuata con tutta probabilità dalle padrone di casa, perché il carattere pacifico del gatto era per loro una garanzia che i loro bambini non sarebbero stati morsi o graffiati.

La vita con i gatti garantiva la sopravvivenza a un paese come l'Egitto, che veniva ripetutamente colpito da catastrofi naturali. Infatti, date le mutevoli condizioni climatiche, negli anni buoni era assolutamente necessario poter mettere da parte provviste per gli anni di magra. E queste provviste non dovevano finire preda di ratti o topi.

L'Antico Testamento racconta che un tempo gli egizi temettero la caduta della loro dinastia. Come si narra nel primo libro di Mosè (la Genesi) al capitolo 41, il faraone aveva sognato sette vacche grasse e sette vacche magre. Giuseppe, che era stato venduto in Egitto dai suoi fratelli, interpretò il sogno del sovrano come segue: «Ecco, stanno per venire sette anni in cui sarà grande abbondanza in tutto il paese d'Egitto. Poi a questi succederanno sette anni di carestia [...] Raccogliete tutti i viveri di queste annate buone che stanno per venire, ammassate il grano sotto l'autorità del faraone e tenetelo in deposito nelle città. Questi viveri serviranno al paese di riserva per i sette anni di carestia [...] così il paese non sarà distrutto dalla carestia [...] Durante i sette anni di abbondanza la terra produsse a profusione. Egli raccolse tutti i viveri dei sette anni [...] e ripose i viveri nelle città [...] Poi finirono i sette anni di abbondanza [...] e cominciarono i sette anni di carestia. Ci fu carestia in tutti i paesi, ma in tutto l'Egitto c'era il pane».

Poiché sapeva proteggere queste scorte dai roditori e sicuramente anche dagli insetti, il gatto godeva qui di particolare considerazione. Nell'antico Egitto i gatti vivevano quasi meglio di alcuni uomini, cosa che del resto avviene anche oggi. In quanto «membri della famiglia» e protettori dei viveri, dormivano in morbidi letti e regolarmente, cosa che dovevano apprezzare assai meno, venivano lavati e profumati con essenze odorose. I gatti ammalati erano accuditi con ogni mezzo. Se un gatto moriva, i suoi padroni tenevano il medesimo rituale che si svolgeva alla morte di un essere umano: si radevano le sopracciglia per simboleggiare il proprio dolore.

I gatti defunti venivano portati nelle cosiddette case sante, dove venivano imbalsamati, accompagnati nella città di Bubasti in un dato giorno di festa e quindi sontuosamente sepolti fra i membri della famiglia. In questa cerimonia, a cui partecipavano persone provenienti da tutte le parti dell'Egitto che recavano i cadaveri dei loro gatti, le donne e anche gli uomini in lutto, come è consueto in questa cultura, si percuotevano il petto piangendo e lamentandosi.

È difficile stabilire il momento in cui si cominciò a venerare il gatto come divinità. Si dice che a Bubasti si sia sviluppato un culto felino incomparabile. Lì fu eretto il più grande tempio per la venerazione di Bastet. La dea Bastet venne eletta a madre di tutti i gatti, che venivano idolatrati come gli animali più sacri dell'intero Egitto. Per gli egizi, il gatto doveva essere al tempo stesso il simbolo della femminilità e della fertilità. Scrive Barbara Walker in *Das geheime Wissen der Frauen* («Il sapere segreto delle donne»): «Secondo Plutarco, i gatti erano scolpiti nel sistro sacro di Iside e rappresentavano la luna: la loro attività notturna e le circostanze particolari che accompagnavano la loro fertilità ne facevano un vero e proprio simbolo di questo corpo celeste. Infatti si dice che questi animali partoriscano prima un piccolo, poi due, poi tre e poi sempre uno di più, fino ad arrivare a sette. In totale ne mettono alla luce ventotto, come se fossero i diversi gradi di luminosità che risplendono durante il ciclo lunare».

In generale, secondo la superstizione, la dea Bastet e il gatto proteggevano i fanciulli. Questi e altri spiriti custodi venivano rappresentati come talismani su tavolette d'avorio o di altri materiali sotto forma di amuleti. Il rapporto di una donna con il suo gatto o con quello della famiglia a cui apparteneva doveva essere davvero intenso, se si considerava il gatto non soltanto il custode delle provviste, ma anche il protettore dei bambini. Nella prima dinastia, la dea della luna Bastet veniva rappresentata ancora con una testa di leone. Essa è la figlia del dio del sole Ra, che combattendo contro il serpente dell'oscurità si trasforma in un gatto. In seguito Bastet compare solamente sotto forma di un gatto e le viene attribuito un carattere più mansueto rispetto alla leonessa. Sono sono trovate statuette egizie risalenti al VI-IV secolo a.C. che mostrano Bastet con un corpo di donna.

I «sacerdoti dei gatti» avevano il compito di far sì che la vita dei felini fosse perfettamente felice. Per adempiere a questo compito dovevano comportarsi essi stessi come felini e accompagnare le proprie azioni nel servizio al tempio con «vivacità, dolce sinuosità e movimenti leggiadri del corpo».

«Le donne dell'harem del dio (chenerut)», spiega l'egittologo Christian Jacq, «erano iniziate ai misteri e si soffermavano per molto tempo o anche per tutta la vita all'interno del tempio. La regina egiziana era la superiore delle donne dell'harem del dio che si affidavano alla protezione del faraone, di Amun, di Mut, di Bastet o di Nephtys, insomma, di un gran numero di divinità. Da loro non si pretendeva né una vita di castità né la verginità; prima di fare il loro ingresso nel tempio e di prendere parte ai riti dovevano soltanto effettuare diverse purificazioni».

Sebbene non si venerassero solo dei, ma anche dee come Bastet, il simbolo della fertilità, la posizione delle donne nell'antico Egitto, come in tutte le società patriarcali, doveva essere alquanto sottomessa. Questa è per lo meno l'opinione di una parte degli storici. L'egittologa Erika Feucht ritiene che le donne fossero invece rispettate e che la loro posizione giuridica non fosse poi così infima. Però non avrebbero avuto gli stessi diritti degli uomini: «Anche se in Egitto vi era un gran numero di divinità femminili, non si può [...] dedurne che le donne avessero un'alta posizione all'interno della società. In tutti gli strati sociali le donne dipendevano in larga misura dagli uomini, seppure nei loro confronti potessero accampare alcuni diritti. E, tuttavia, quante di loro erano consapevoli dei loro diritti, oppure osavano procedere legalmente contro un uomo? Vivevano nella casa dei loro parenti uomini, del padre, del marito, del figlio o del fratello. Potevano diventare indipendenti solamente attraverso i mezzi procurati dai loro genitori, dal marito o dai figli, e solo in pochissimi casi attraverso un'eredità propria. Nelle attività pratiche come nel ruolo sacerdotale, avevano davanti a sé solo possibilità limitate, e anche in questi casi sarebbero state largamente sottomesse agli uomini: le posizioni di rilievo erano ricoperte a fatica anche dalle appartenenti alla famiglia reale. Le donne della classe dominante avevano sì, in confronto a quelle del popolo, uno status elevato sia in ambito sociale sia in campo religioso, ma potevano esercitare il proprio potere solamente in casi rarissimi. Le poche donne che avevano raggiunto posizioni di potere dovevano questo successo sociale al fatto di essere mogli, madri o figlie di uomini di grado elevato, e in molte circostanze esercitavano il proprio potere nell'interesse dell'uomo (reggenti, mogli di dei). Vi erano comunque eccezioni come in ogni tempo nelle società dominate dagli uomini».

Christian Jacq è invece di un altro parere: «In Egitto non vi erano differenze fra uomo e donna, né sulla terra né in cielo, né nel paradiso dell'aldilà né nel campo dello spirito. In questo campo l'umanità ha fatto successivamente un grande passo indietro». È un parere condiviso anche dall'esperto egittologo Friedrich Helck. Secondo lui, le donne potevano scegliere liberamente il marito e non venivano indotte a sposarsi contro la loro volontà. Una donna sposata era capace di agire e godeva dei diritti civili. Poteva disporre da sola delle sue proprietà, di quelle ereditate dai genitori e di quelle guadagnate con il proprio lavoro. Si parlava della donna come della signora o padrona di casa, che si può assimilare al concetto di «proprietaria» e che indica che la casa apparteneva a lei. Per proteggere legalmente la donna all'interno del matrimonio, che era considerato la pietra miliare della società di allora, si stipulavano contratti nuziali che regolavano i rapporti economici nel corso del matrimonio, come pure il diritto agli alimenti o la divisione delle proprietà in caso di separazione. La donna egiziana poteva far tutelare i propri diritti dal giudice. Inoltre, aveva la possibilità di muoversi liberamente e di cercarsi un lavoro e, se desiderava un'istruzione o un incarico, non le venivano negati.

Così come il faraone veniva venerato come dio, le donne al suo fianco erano parimenti considerate divinità. Nella seconda dinastia, le donne devono aver ottenuto il diritto alla sovranità sotto forma di legge. Esercitavano però la maggiore influenza come mogli principali e secondarie dei loro mariti e come madri di figli maschi minorenni. Alcune sovrane importanti sono ricordate ancora oggi con il loro nome: la regina Nitokris (circa 2148-2144 a.C.) o ancora Hatshepsut, una regina potente, che dopo la morte del marito assunse il potere e divenne famosa per le spedizioni commerciali e per le campagne militari condotte sotto il suo governo. Nefertiti si suppone abbia influenzato l'Egitto con numerose riforme. La faraona oggi più conosciuta fu Cleopatra, che riuscì a difendere l'Egitto dai romani.

L'ideale di bellezza delle classi alte egiziane favoriva le donne con una figura slanciata e movimenti flessuosi. Gli occhi venivano dipinti di verde e nero con ampi tratti di belletto, e in questo modo ricordavano quelli dei gatti. Quest'abitudine di truccare gli occhi non aveva però lo scopo di rendere più bella la donna, ma rappresentava una protezione contro le malattie dell'occhio, perché il cosmetico impiegato aveva effetti antisettici.

Tuttavia, prima che ci allontaniamo troppo dal legame storico fra donna e gatto, arriviamo a uno dei punti più importanti nella storia della donna egizia: nella sessualità essa era relativamente libera. In ogni caso le era concesso di esercitare una propria sessualità, fatto che non avveniva sempre e ovunque nel mondo. Questo atteggiamento positivo nei confronti della sessualità vissuta, probabilmente era influenzato anche dalla religione e in essa si esprimeva. In fondo la dea gatta Bastet era venerata proprio per la sua fecondità. Le feste per la venerazione di Bastet vengono ricordate in letteratura come un evento gioioso, legate a musica, allegria e riti sessuali.

Il lato oscuro di Bastet si incarnava nella dea Sachmet, che dilaniava e divorava simbolicamente gli uomini. «Per il mio cuore, quando uccido una persona, il mio cuore si rallegra», diceva di sé. Teje era associata alla selvaggia dea leone Sachmet, per cui le venivano attribuite due nature secondo l'immagine della dea leone: amore e pace da una parte, sete di vendetta dall'altra.

Attraverso la dea leone Sachmet e la mite dea Bastet si potevano rappresentare le «due anime» di un gatto. Probabilmente, Bastet assumeva il ruolo del gatto addomesticato e Sachmet quello del gatto selvatico. Nel corso della storia egiziana, le immagini degli dei e delle dee si fondevano sempre insieme, per cui il loro significato si modificava. Per questo, anche l'origine delle singole figure divine è difficile da ricavare, perciò scrive Ulrich Klever: «Così

Bastet, in quanto donna dalla figura armoniosa con la testa di gatto e un cesto al braccio destro, era considerata figlia *e* moglie del dio del sole Ra, ma anche del dio del regno dei morti Osiride, e inoltre in lei si identificava la luna. Se e perché questa dea della gioia e della fertilità abbia effettivamente stretto un'unione personale con Sachmet dalla testa di leone, la dea guerriera del regno, non lo si può comprendere razionalmente. Probabilmente tutto questo rientrava nella politica sacerdotale. Il popolo festeggiava la dea gatta con allegre processioni di navi e con riti sessuali, come si conveniva a una divinità associata alla fecondità».

In Egitto il gatto era talmente venerato e stimato che gli uomini che facevano qualcosa di male a un felino potevano essere addirittura condannati a morte. Così lo spazio vitale del docile quadrupede si ampliava sempre di più. I legionari romani, ad esempio, portarono con sé a Roma dei gatti addomesticati.

Sotto l'imperatore Augusto, il gatto era considerato un animale di lusso per le donne della buona società. A quel tempo esso aveva scarsa importanza quale animale di utilità, perché per la caccia ai ratti e ai topi si usavano le donnole e i serpenti non pericolosi per l'uomo. Anche i fenici contrabbandarono gatti dall'Egitto sulle loro navi e li portarono in patria, e i guerrieri persiani li portavano in dono alle loro mogli.

Zoe, la moglie dell'imperatore Costantino il Grande (280-337 d.C.), era una grande amante dei gatti. Amava talmente il suo gatto che questi poteva sedere con lei alla tavola imperiale e mangiava da una ciotola dorata.

Si narra che le donne di Costantinopoli trattassero i loro gatti bene quanto i loro figli. I gatti potevano muoversi liberamente negli edifici pubblici e anche dormirvi. Immaginate un po' se oggi potrebbe essere ancora così. Nelle amministrazioni statali, negli uffici privati e in quelli finanziari, in parlamento: gatti sdraiati comodamente sugli archivi, sulle scrivanie, accanto ai computer o sui pulpiti. Il mondo del lavoro non diventerebbe così più rilassato e la vita in comune più armoniosa?

Il profeta Maometto sembra che abbia portato più rispetto ai gatti che non alle donne. «Se Maometto doveva dare spiegazioni su alcune questioni religiose», si dice, «si fermava per togliersi dal grembo Muezza (il suo gatto preferito) prima di alzarsi e di parlare con la persona che lo aveva interpellato». Inoltre egli considerava il gatto un essere puro, perché un giorno una gatta gli aveva partorito in braccio e non aveva lasciato nemmeno una macchia sui suoi abiti. Invece, le donne per lui erano creature impure durante il ciclo e dopo il parto. Se mi è concesso di considerare la questione dal punto di vista puramente pratico, non si può certo pensare che le donne saltino il puerperio per correre a purificarsi. Così anche nell'opera *Cousin de Mahomet* si può leggere: «Le donne turche non si ritengono obbligate a fare tutto ciò che ordina loro il marito e mostrano scarso interesse per la legge di Maometto, il quale a loro preferisce il gatto, che ammette in paradiso mentre lascia fuori loro».

La giovane moglie del Profeta, Alisha, la pensava esattamente allo stesso modo quando venne sospettata di essere infedele: «Ovunque tutti mi abbandonano, persino il gatto mi lascia...». Un po' di discrezione, Alisha, forse non avrebbe fatto male, perché in tal caso per lo meno ti avrebbero lasciato il gatto!

Avverso alle donne è anche il detto di un satirico arabo che ho scoperto presso l'orientalista Annemarie Schimmel: «Ho un gatto che è più puro di mia moglie, e il suo didietro è più pulito della sua bocca».

Il gatto come compagno delle dee

«Dall'antichità, ogni dea che tenesse a se stessa», così scrive ironicamente la germanista ed esperta di preistoria Martina Schäfer nel suo libro *Die magischen Stätten der Frauen* («I luoghi magici delle donne»), «si occupava di gatti, ben prima della divinità sul trono di Çatal Hüyük, che si stringeva al petto possente il suo cucciolo di pantera, ben prima delle leonesse del paleolitico: la statuetta della Lonetal, le custodi degli accessi delle grotte francesi, la leonessa di Ur e al portale di Micene, le alate domatrici di leone sui crateri di Sparta, Freya, Pjanitza e Diana sui loro carri tirati da gatti. [...] Probabilmente vi fu un tempo in cui in un'immagine erano riuniti il selvaggio e il mansueto, il veloce e il pigro, il custode e il procreatore. Tutte queste qualità erano attribuite alle donne: la natura selvaggia, gli ululati primaverili nei cieli notturni e la protezione dei luoghi più tranquilli nei più profondi recessi della gestazione. Le dee viaggiavano su carri che venivano sempre trainati da due felini. Così nella notte si sentivano le grida selvagge delle Banshee, che al tempo dei celti da appartate rocce rosse come il sangue proteggevano gli uomini e li ammonivano dal vagare per le sacre vallate se non avevano nulla da cercare là. Ma chi aveva il coraggio di andarvi, chi vagava fra le teste delle due sfingi. [...] Non sappiamo che cosa ne fu di loro. Se volete scoprirlo, rivolgetevi alle rocce feline, che hanno due teste [nei pressi di Satzvey], e chi sa che cosa vi capiterà fra quelle rocce».

In Scandinavia molte contadine ancora oggi mettono davanti alla porta di casa due ciotole di latte: una per il gatto e una per il troll, per non inimicarselo. Conosco due contadine norvegesi che praticano questo rituale ancora oggi e ritengono che i gatti di cui si occupano nel cortile portino loro fortuna. In particolare, il gatto Norvegese delle Foreste, bello come un sogno, che loro chiamano anche gatto delle fate, con quella sua coda che agita correndo, è il loro favorito.

Accenni all'importanza del gatto in Scandinavia si trovano già nella raccolta di saghe nordiche di *Edda*. In generale, si dice che gli uomini che si occupavano di un gatto, lo accudivano e lo amavano potevano sperare nella protezione della dea Freya. Poiché la dea impersonava certe virtù e qualità femminili che venivano considerate positive, si credeva che queste doti, fra le quali la fertilità, la fortuna in amore e la capacità di combattere in famiglia, venissero trasmesse a coloro i quali accoglievano con affetto i compagni di Freya.

Freya, una dea che godeva di grande considerazione fra i vani e che veniva chiamata Frigga fra gli dei germanici, gli asi, doveva essere la sposa di Odino, ma regnava già prima di lui. Viene indicata come dea madre o progenitrice. Alcuni miti raccontano che Odino avrebbe ricevuto tutto il suo sapere da Freya. Freya era una dea dell'amore e della fecondità. Le sue compagne e le sue seguaci correvano su quattro zampe. I gatti della dea sarebbero stati così grandi e forti che potevano trainare il suo carro celeste. Secondo alcune fonti si sarebbe trattato di gatti selvatici.

D'altra parte, alcuni studiosi sono dell'opinione che il gatto selvatico europeo non sarebbe affatto arrivato fino alla Scandinavia. Gli allevatori di gatti Norvegesi delle Foreste, che già anteriormente alla prima guerra mondiale temevano di perdere questo leggendario e robusto gatto settentrionale dal pelo semilungo, a causa dell'accoppiamento con semplici gatti domestici a pelo corto, svilupparono un programma per la conservazione della razza (il pelo corto è un carattere dominante). Ritenevano che nella mitologia sulla dea Freya si trovassero i primi accenni al gatto di razza oggi così amato.

Freya non era solamente la patrona dei gatti, ma anche la dea della luna. Alcuni esperti di mitologia vedono perciò un collegamento con la dea dei gatti già citata, l'egizia Bastet.

La dea indiana dei gatti, Shasti, era «responsabile» della fertilità e della maternità, proprio come la dea greca Artemide e la dea romana Diana. Tutte quante venivano spesso raffigurate come gatti.

Anche nelle favole si trovano spesso accenni ai gatti che trainavano i carri delle dee e di entità femminili magiche. Così anche nella saga delle vergini di pietra nella valle di Eselsburg, raccontata da Martina Schäfer: «Vivevano una volta, nella valle di Eselsburg, tre vergini, che nella lingua dei nostri avi sono donne libere, non sottomesse agli uomini. Erano orgogliose e belle e maghe potenti. A volte viaggiavano nel loro carro trainato da rossi gatti selvatici fra alte grida di gioia per le valli circostanti, una delle quali, proprio per questo motivo, ancora oggi si chiama Valle dei gatti. [...]

«Tuttavia esse vivevano in tempi bui e c'era chi invidiava alle tre donne la loro libertà, chi rimproverava loro la vita allegra e senza uomini. "A che scopo noi donne avremmo bisogno di un uomo?", diceva la maggiore fra loro. Poi, scioccamente, le fanciulle si innamorarono di un giovane, un pescatore, che sapeva cantare bene; ma lui era di un'altra stella e inoltre rispettava le donne senza pretendere nulla da loro. Per quanto cercassero, non riuscirono a trovare l'uomo ideale, così diventarono pietre e aspettano ancora oggi. Se avessero continuato soltanto con la loro vita allegra e si fossero accontentate di divertirsi con i loro gatti, non sarebbe successo nulla.

«E quando una donna libera attraversa questa valle la notte o anche nel calore del mezzogiorno, al mattino al levar del sole o quando la luna scivola piano nel cielo, può sentirli tutti quanti: il pescatore, le fate, sente i gatti cacciare [...]».

Vi sono numerose altre leggende e fiabe in cui per lo più gli uomini cercano di spiegare il rapporto e l'affinità per loro impenetrabili fra donne e gatti. Spesso in tali favole le donne appaiono scaltre, hanno quelle che si chiamano «armi femminili».

Che le donne nel corso della storia abbiano dovuto ricorrere a molti trucchi per sopravvivere e per raggiungere i propri scopi è evidente. Che, in genere, gli uomini non siano stati in grado di comprendere le donne spesso è dipeso dal fatto che non hanno voluto confrontarsi con una donna come avversario alla pari. Non a caso spesso i maschi dominanti apprezzavano e apprezzano tuttora il cane, che obbedisce loro, piuttosto che il gatto, che decide da solo della propria vita.

Sebbene i gatti nei paesi più poveri della terra non abbiano praticamente alcun valore come animale domestico, in una regione del Ghana di una donna che viene amata da un gatto si dice che ne condividerebbe l'anima per incantare suo marito, perché sia sempre buono con lei, per avere molta fortuna, quindi mangiare in abbondanza, e per avere molti figli, che si occuperanno di lei nella vecchiaia. La storia africana raccontata prima spiega perché i gatti apprezzino in modo particolare le donne a motivo della loro forza.

Quasi stregati: il Medio Evo

Poiché il gatto era associato alle divinità pagane, con la diffusione del cristianesimo e la messa al bando delle usanze pagane il suo prestigio crollò. Anche se le antiche dee femminili della fecondità vennero in parte «trasformate» nella figura di Maria, il gatto, che aveva sempre accompagnato queste divinità, ci rimise la sua reputazione.

Per molto tempo nei conventi i gatti furono gli unici animali autorizzati a vivere con le suore. A quel tempo l'educazione delle giovani era affidata alle monache delle scuole conventuali. Nel gatto si vedeva però anche l'erede della dea Freya, che senza curarsi dei divieti umani assecondava i propri «desideri carnali», per cui alla fine l'animale fu scacciato anche dai conventi.

Santa Verena è considerata ancora oggi la protettrice delle terme oltre che dei gatti. Davanti alla sua statua ancora oggi le giovani donne depongono il loro velo da sposa. Verena non si lasciò in alcun modo influenzare dall'odio per i gatti, racconta Rosemarie Müller, che è nota a Basilea per il suo museo dei gatti. Il rapporto degli uomini, soprattutto quelli appartenenti al clero, con gli animali fu sempre più teso alla fine del Medio Evo e all'inizio dell'Era Moderna, la fase più accesa della caccia alle streghe. Dietro quasi ogni quadrupede e anche dietro a ogni volatile adesso si vedeva il maligno. Erano diffusi libri, i cosiddetti «bestiari», in cui agli animali erano associate particolari qualità che venivano fissate in rapporto alle immagini bibliche e al comportamento umano. In questi bestiari si tracciavano paralleli fra la natura e la vita di Cristo.

Al contrario di molti altri animali, il leone, che per la maggior parte degli europei nel Medio Evo era una figura sconosciuta, assunse un significato positivo. Si diceva che esso avesse tre nature.

Avrebbe cancellato le sue tracce con la coda e, quando il suo corpo riposava, gli occhi sarebbero rimasti comunque aperti. Di norma una leonessa avrebbe portato alla luce i piccoli morti. Li avrebbe vegliati per tre giorni fino a che il padre non fosse giunto per donare loro la vita alitando sui cuccioli. Le tre nature del leone simboleggiavano Gesù, che nascondeva le sue tracce davanti al diavolo. Il numero tre faceva poi riferimento al fatto che Dio dopo tre giorni aveva resuscitato da morte Gesù. Nei bestiari il leone e la leonessa erano menzionati con ammirazione. Inoltre in questi testi erano citate anche moltissime creature fantastiche.

Nel gatto si vedeva invece il simbolo particolare della religione pagana che occorreva estirpare con qualsiasi mezzo. Moltissime donne comuni persero la vita insieme ai loro gatti sui roghi su cui vennero bruciate come streghe. Le guaritrici insieme ai loro gatti diventarono i capri espiatori di ogni male allo scopo di estirpare la superstizione all'interno della fede cristiana. Se anche vi erano degli uomini che venivano perseguitati come eretici, le donne che persero la propria vita furono comunque assai più numerose.

Chi non bruciava non era posseduto dal demonio, così si diceva. Va da sé che nessuno poteva superare questa «prova». Una procedura con esiti analoghi a quella del rogo venne riservata a molte donne e anche a numerosi gatti che venivano gettati in acqua in un sacco appesantito da pietre. Chi riusciva a emergere in superficie era un'eretica o un animale del demonio, le altre purtroppo morivano.

In quanto animali che si accompagnavano a presunte streghe o al diavolo in persona, nel Medio Evo innumerevoli gatti vennero uccisi. Gustav Michel spiega nel suo *Libro dei gatti*: «Quanto sia stato alto il numero delle vittime lo si può dedurre dal fatto che nei sette anni fra il 1587 e il 1593 soltanto venti villaggi nella regione di Treviri condannarono al rogo trecentosessanta persone. Verso la fine del XVI secolo a Ginevra, in un arco di tempo di tre mesi, vennero bruciate circa cinquecento streghe e Ludovico Paramo riferisce che l'Inquisizione portò al rogo trentamila streghe nel giro di centocinquant'anni [...], e anche migliaia di gatti finirono tra le fiamme in quanto ritenuti streghe o simboli del maligno. In quasi tutti i processi alle streghe comparvero gatti che furono bruciati insieme a loro».

Ma perché le cosiddette streghe, cioè donne sagge, guaritrici, vivevano insieme ai gatti? Nell'iconografia tradizionale queste donne sono raffigurate con una scopa e un gatto. Le donne che conoscevano le proprietà curative di piante ed erbe non volavano certo nei cieli a cavallo della loro scopa. Molto più probabilmente con la loro scopa dovevano prestare ascolto a ciò che oggi ci appare ovvio: che una certa igiene favorisce la salute più di molta sporcizia. Il gatto al fianco della donna guaritrice doveva avere lo scopo principale di tenere lontani dalla casa ratti e topi che potevano trasmettere malattie, in particolare la peste. Curiosamente si pensava del gatto che fosse lui a trasmettere la tanto temuta peste. Le donne indicate come streghe, che per lo più vivevano fuori dai villaggi, la sapevano più lunga e quindi erano più difficilmente minacciate dal contagio.

Un sermone di Berthold von Regensburg intorno al 1240 stabilisce un legame etimologico fra gatto ed eretico o eretica che è sì falso, ma molto interessante: «[...] perciò l'eretico si chiama eretico, perché ricorda il demoniaco gatto nella sua falsità».* Il concetto di eretico in realtà derivava da cataro e significava «puro devoto». Così la pensava anche Albertinus: «Quindi i gatti e gli eretici sono e rimangono eretici, perché sono della stessa risma». Anche Lutero si riferiva a quelle persone che davano alla Bibbia un'interpretazione diversa da quella ufficiale come a «maestri gatti». Delle donne diceva: «Non esiste sottana che stia così male a una giovane quanto il voler essere astuta». Considerava adultera la donna che si fosse comportata così: «Perché essa è svergognata, immorale, non fa nulla per compiacere il marito e se ne va dove le pare».

Così cambiano i tempi: allora le donne e i gatti erano considerati falsi e maligni, mentre oggi ogni donna si compiace di essere paragonata a un gatto, purché non si tratti di Garfield. In passato invece un paragone del genere sarebbe stato per lo più sfavorevole. Scrive Ulrich Klever: «Donna e gatto: la natura del gatto, che è enigmatico e non obbedisce ad altri che a se stesso, veniva paragonata spesso a quella della donna, e si è trasmessa come proprietà negativa nell'immagine della strega. La strega poteva trasformarsi in un gatto ed esercitare nascostamente i suoi incantesimi maligni. Una trasformazio-

---

* In tedesco, gatto = *Katze*, eretico = *Ketzer*. *(N.d.T.)*

ne del genere viene riportata nel *Compendium Maleficarum* del 1626. Anche nelle figure erotiche di streghe degli artisti della fine del secolo questa trasformazione è un motivo ricorrente, ad esempio in Steinlen: da gatti neri nascevano streghe nude che volavano in cielo a cavalcioni di una scopa. L'erotismo inibito, il desiderio segreto della carne e il sadomasochismo rientravano nell'idea di streghe».

La Gran Bretagna, il paradiso dei gatti

La bibliografia *Four Centuries of Cat Books*, dell'americana Claire Necker, in cui sono elencati i libri sui gatti, quasi esclusivamente di lingua inglese, pubblicati fra il 1570 e il 1970, dimostra quale alto valore abbiano da moltissimo tempo i gatti nei paesi anglosassoni. Non a caso la prima esposizione felina ebbe luogo nel 1871 al Crystal Palace di Londra, su organizzazione di Harrison Weier.

Anche la prima nota allevatrice di gatti fu inglese: Lady Marcus Beresford apparteneva ai cosiddetti circoli dell'alta società, altrimenti non si sarebbe certo potuta permettere il lusso di questo hobby. Nel 1898 fondò il «Cat Club» in concorrenza con il già esistente «National Cat Club». La Lady portò ai concorsi di bellezza fino a trenta gatti, di cui però non si occupava da sola.

Le esposizioni feline erano un evento sociale, e non era solo Lady Beresford ad arrivare alle mostre con i suoi assistenti. In queste occasioni, servitori e cameriere si occupavano delle sue necessità, mentre i maggiordomi dei gatti si prendevano cura del benessere dei mici. Nel suo appartamento a Bishopsgate erano circa centocinquanta i gatti che venivano accuditi con le massime attenzioni da quasi altrettanti domestici. Sicuramente un po' del cibo dei gatti, carne macinata e pesce con riso o latte di capra per i mici e per le gatte gravide, veniva rubacchiato qua e là dagli addetti ai felini, che certamente mangiavano peggio dei quadrupedi. Le cure mediche riservate ai gatti erano assicurate da una farmacia domestica personale.

La signora Mackenzie Stewart, anch'essa una signora dell'alta società, viveva con moltissimi gatti nella sua residenza di campagna nell'altopiano scozzese. I suoi gatti persiani erano particolarmente apprezzati per il loro pelo folto e ben curato.

L'amica e giudice di gatti Frances Simpson è ben nota anche fra gli autori moderni di libri sui gatti. Nel 1903 l'editore londinese Cassel pubblicò il suo libro di trecentoottanta pagine intitolato *The Book of the Cat*.

In un giornale londinese nel 1900 fu pubblicata questa inserzione: «Anziana signora cerca giovanotto ben educato e ben vestito che tenga quotidianamente compagnia per un paio d'ore a un gatto dalla salute delicata». Se questo non è un segno dell'apprezzamento di cui i felini godono presso i britannici!

Quando l'amico a quattro zampe se ne va

In tedesco, con *Katzenjammer* si intende talvolta la situazione in cui ci si ritrova quando si viene abbandonati dal proprio amico o amica a quattro zampe, un po' come il nostro magone. Nel linguaggio popolare, questo termine indica invece quei lamenti che l'uomo e il gatto hanno in comune quando si ammalano. Quando muore un gatto amato, per chi ne viene colpito è una perdita indescrivibile. Si crea un vuoto che non si riesce a colmare tanto facilmente.

Vi sono numerosi abitudini e rituali quotidiani che nascono nel corso della vita in comune con il gatto. Se non avete già un altro micio, non c'è più un amico a quattro zampe ad aspettarvi all'ingresso non appena aprite la porta di casa, miagolando per raccontare i fatti della giornata e per attendere con gioia di avere cibo, giochi e coccole. Non c'è più nessuno a rotolarsi in grembo a voi quando siete davanti alla televisione o mentre leggete il giornale o ad acciambellarsi comodamente accanto a voi sul divano. Non c'è più un gatto ad accompagnarvi nel sonno ronfando. Anche settimane dopo la sua morte vi capiterà di allungare la mano a fianco a voi senza pensarci, per trovare solo il vuoto. Non c'è più una morbida pelliccia calda a sfiorarvi. A volte vi volgerete sorridendo nella direzione da cui sentite provenire un rumore sconosciuto, finché non capirete che non è stato Silvestro o Minù a provocarlo, perché lui, o lei, non c'è più. Questo è un periodo enormemente pesante soprattutto per le donne che non hanno amici amanti dei gatti o compassionevoli. Lo so che può suonare scontato, ma il tempo guarisce tutte le ferite. L'amore per il gatto rimane immutato, ma il dolore dopo un po' si attenua, fino a che il ricordo persiste ancora, ma non fa più così male.

La donna che nel suo dolore ha un'amica o un amico che piange con lei, e magari l'accompagna all'ultima visita dal veterinario o alla sepoltura dell'animale, può considerarsi fortunata. In particolare, in queste ore sono le donne sole a sentire la mancanza di qualcuno che le consoli. Per questo motivo, per esempio, nel convento di Aarau, in Svizzera, su iniziativa di una consulente veterinaria, alla morte di un animale domestico si tengono su richiesta delle «esequie» con un sacerdote. È una consuetudine piuttosto diffusa negli Stati Uniti.

Anche psicologi e terapeuti, come l'amica degli animali Ute Klockgether-Dionísio, hanno rilevato questo problema e offrono un aiuto professionale agli amici degli animali che sono in apprensione per l'ultima visita dal veterinario o soffrono talmente per la perdita del loro micio che rischiano di sprofondare nel dolore. Per esperienza personale, Ute Klockgether-Dionísio sa non soltanto quanto possa essere appagante la vita con un animale amato, ma anche quanto la separazione da un tale «compagno di vita» possa spesso essere pesante e opprimente. Nell'ambito del suo lavoro terapeutico ha spesso dovuto constatare che le persone che sono in apprensione o in lutto per un animale non vengono prese sul serio da chi sta loro intorno e spesso vengono lasciate sole. Con il tempo, dietro richiesta e sollecitazione di proprietari di gatti e di veterinari, ha preso la decisione di offrire aiuto per questa situazione. La terapeuta tiene colloqui nel suo studio, fa visite a casa e accompagna anche i padroni di cani e gatti con i loro animali quando questi ultimi vengono portati dal veterinario per ricevere l'iniezione fatale.

Come allevatrice, nei discorsi con le amiche dei gatti mi ha sempre colpito il fatto che la morte di un gatto tanto amato quasi sempre stimoli a parlare dell'intimità così gradita con l'animale. Come se in precedenza l'amica dei gatti avesse temuto di essere derisa per i suoi sentimenti così intensi nei confronti di un micio.

È solo la morte a permetterci di parlare di emozioni che non tutti sanno capire? Non è questo un indice di un imbarbarimento della nostra società, in cui non è più permesso manifestare i propri sentimenti e dove l'amore per gli animali come compagni di vita, nonostante gli sforzi degli enti per la protezione degli animali, in fin dei conti rimane soltanto sulla carta?

Per fortuna, proprio le donne oggi sono ancora nella posizione di mostrare senza vergogna le proprie emozioni. Questo diritto viene concesso più facilmente alle donne che non agli uomini. Questi, ove dovessero manifestare pubblicamente il proprio dolore per la perdita di un animale, verrebbero considerati dei deboli. Le donne reagiscono in modo emotivo e irrazionale, così si è sempre pensato nel corso dei secoli, mentre agli uomini è stato assegnato il compito di gestire razionalmente gli eventi.

Quando dopo la morte della mia adorata gatta Mimì mi misi a correre singhiozzando per ore per il vicinato con gli occhi rossi e gonfi, tutti avevano comprensione per me. Mio marito, poco dopo che avemmo constatato la morte di Mimì, dovette ritornare al lavoro. Non poté permettersi il lusso di manifestare apertamente il proprio dolore. Un capufficio che piange alla scrivania per la morte di un gatto avrebbe suscitato solamente imbarazzo fra la maggior parte dei colleghi. C'è da stupirsi, senza voler prendere le difese degli uomini per la loro «impotenza sentimentale», che essi abbiano anche difficoltà a esprimere ciò che provano, a meno che non si tratti di collera o aggressività?

L'accettazione di ciò che è inevitabile è importante per l'elaborazione del lutto, perché in fondo permette di liberarsi di questo stato e di ritornare alle attività quotidiane. Grazie alle parole e alla vicinanza di amiche e amici che offrono la loro consolazione, le donne dopo qualche tempo possono iniziare a prendere in considerazione l'idea di procurarsi un nuovo amico a quattro zampe. Il rapporto con un nuovo gatto sarà diverso, perché ogni animale è diverso dall'altro. Ma anche qui avviene come per le persone: quando il lutto è superato, dobbiamo ritornare a occuparci dei vivi.

Che ci siano persone che hanno grosse difficoltà a superare la morte del loro micio appare chiaro dalla storia di una coppia che si rivolse a me con l'idea di comprare un gatto. Pensavano che il loro amico defunto, o per lo meno la sua «anima parziale», sarebbe rinato in un altro animale.

I due mi raccontarono che, sebbene avessero seppellito il loro gatto, lo sentivano sempre correre sul tetto della loro casa. Allora avevano fatto insonorizzare completamente il tetto, ma i rumori non erano cessati. La vicina, una buddhista, che già prima gli aveva indicato dove avrebbero potuto trovare il loro gatto avvelenato, gli aveva suggerito di lasciare libera l'anima del gatto e di cercarla reincarnata come anima parziale.

Dopo il nostro primo contatto, la coppia attese oltre due anni fino a quando in casa mia venne alla luce un micetto che con mio grandissimo stupore assomigliava straordinariamente al gatto morto. Il loro gatto non era un gatto Norvegese delle Foreste, come tutti i miei animali. Nel momento in cui alla coppia fu chiaro che avrebbero «ritrovato» da me il loro adorato amico, i rumori sul loro tetto svanirono all'improvviso.

A questo proposito c'è da dire ancora qualcosa che solo poche amiche dei gatti sanno. I corpi degli animali morti lasciati dal veterinario non vengono sepolti alla maniera classica, bensì «smaltiti» diversamente. Chi, come me, dovesse trovare questa pratica poco pietosa dovrebbe inumare il proprio gatto nel giardino di casa oppure in un bosco. I cimiteri per gatti o comunque per animali sono ancora molto rari. Chi volesse avere informazioni al riguardo, si rivolga all'ente protezione animali della sua città.

Il cimitero per animali più famoso si trova in Francia, sull'Ile des Ravageurs, nella Senna. Fu fondato nel 1839 dall'amica degli animali Marguerite Dunant. Un'amica che visita questo camposanto da anni mi ha raccontato che qui oltre cinquantamila persone hanno sepolto i loro animali domestici. I monumenti che gli amici degli animali in lutto hanno fatto erigere sulle tombe, suddivise per genere di animale, in molti casi sono più sfarzosi di quelli che si vedono nei cimiteri in cui trovano sepoltura gli umani.

Lì la mia amica ha conosciuto un'anziana signora che da anni va tutti i giorni a trovare la sua gatta defunta, alla quale ha fatto erigere una lapide riccamente decorata. «Sono sopravvissuta a quasi tutti i miei amici», le ha raccontato la signora, «e ora sono quasi sempre sola. Quando anche Noël mi ha lasciata, ho avuto la sensazione che ormai avrei anche potuto lasciare questa terra, perché nessuno aveva più bisogno di me. Ma allora Noël mi è apparsa in sogno e mi ha pregato di occuparmi di altri gatti che nella vita non se la cavano così bene come lei. Da allora ogni giorno porto da mangiare ai molti gatti randagi che si trovano qui e ho fatto amicizia con qualche altra donna. Ora non sono più sola. Così Noël ha influito ancora sulla mia vita anche dopo la sua morte, e quindi è ovvio che io porti sempre dei fiori sulla sua tomba e che la tenga sempre in ordine. Qui incontro molte donne che sono nella mia stessa situazione. Siamo legate dal nostro amore per gli animali con cui abbiamo condiviso la nostra vita. Per forza di cose si incomincia a parlare, e vede, signorina, anche lei mi ha parlato, sebbene noi non ci conosciamo affatto».

Su Internet, intanto, si può trovare un cimitero virtuale per gatti all'indirizzo www.katzenfriedhof.de. Leggendo quelle storie toccanti e quei necrologi è possibile che vi venga anche da piangere. Non sempre il corpo di un gatto morto viene restituito dal veterinario. Così le persone non possono separarsi nel modo adeguato dai loro amici. La possibilità di rivolgere alcune parole di addio al proprio micio per lo meno su Internet appare una valida consolazione per molte proprietarie e proprietari di gatti che si sentono come «svuotati».

Ringraziamenti

Ringrazio i miei genitori perché fin da quando ero piccola mi hanno insegnato che nella vita posso raggiungere qualunque cosa, purché lo voglia, e che come donna sono perfettamente in grado di perseguire la mia strada.

Ringrazio la mia amica Angela Eschmann per la sua pazienza e il suo appoggio sempre spiritoso durante tutti gli alti e anche i pochi bassi che mi trovo sempre a vivere nella stesura di un libro.

Molti amici mi hanno aiutata nella ricerca del materiale per questo volume. Anche a coloro che non sono citati espressamente nel testo o in questa sede vada il mio ringraziamento più sentito.

Bibliografia

Bessant, Claire, *Knaurs Katzenbuch*, Monaco, Droemer-Knaur, 2000.

Bossemeyer, Susanne e Martin Junker, *Katzen. Geliebt, gehasst, verehrt – und rätselhaft*, Mannheim, Meyers Lexikonverlag, 1999.

Damjan, Mischa e Rudolf Schilling, *Mau Mao Miau. Die Katze durch die Jahrhunderte*, Zurigo, Nord-Süd, 1969.

Donadoni, Sergio, *L'uomo egiziano*, Roma Bari, 1997.

Duby, Georges e Michelle Perrot, *Storia delle donne in Occidente*, Bari, Laterza, 1990-92.

Dudman, Helga, *Chaplins Katze, Clintons Kater und viele andere verkannte*, Monaco, dtv, 2000.

Edney, Andrew, *Guida pratica alla cura del gatto*, Novara, Istituto Geografico De Agostini, 1994.

Edney, Andrew, *La cura del mio gatto*, Bologna, Calderini, 1996.

Friz, Thomas ed Erich Schmeckenbecher (a cura di): *Es wollt ein Bauer früh aufstehen. 222 Volkslieder*, Dortmund, pläne, 1979.

Golowin, Sergius, *Gatto: amico mago*, Milano, Rusconi, 1990.

Golowin, Sergius, *Das Geheimnis der Tiermenschen*, Basilea, Sphinx, 1993.

Greiffenhagen, Sylvia, *Tiere als Therapie. Neue Wege zur Erziehung und Heilung*, Monaco, Kynos, 1991.

Große Frauen der Weltgeschichte. Tausend Biografien in Wort und Bild, Klagenfurt, Neuer Kaiser Verlag, 1987.

Jacq, Christian, *Le donne dei faraoni: il mondo femminile dell'antico Egitto*, Milano, Mondadori, 1997.

Jansen-Nöllenburg, Sabine, *Rassekatzen kaufen mit Verstand. Der Ratgeber für Käufer und Züchter*, Cham, Müller Rüschlikon, 2000.

Jansen-Nöllenburg, Sabine, *Unsere Katze zieht ein. Was ist zu beachten?*, Cham, Müller Rüschlikon, 2000.

Jansen-Nöllenburg, Sabine, *Katze und Kind. Für ein harmonisches Miteinander*, Cham, Müller Rüschlikon, 2001.

Jansen-Nöllenburg, Sabine, *Wie Katzen mit uns reden. So sag ich es meiner Katze*, Cham, Müller Rüschlikon, 2001.

Jansen-Nöllenburg, Sabine, *Wir wollen eine Katze. Kleine Katzenkunde – Wie und wo kaufen?*, Cham, Müller Rüschlikon, 2000.

Jansen-Nöllenburg, Sabine, *Unsere Katze bekommt Junge. Planung, Geburtshilfe, Aufzucht*, Cham, Müller Rüschlikon, 2001.

Kast, Verena, *La migliore amica: l'amicizia tra donne: una nuova cultura della relazione*, Como, RED, 1994.

Lebensalltag im Mittelalter. Reisen in die Vergangenheit, Stoccarda, Das Beste, 1995.

Matthew, John, *Keltischer Schamanismus*, Monaco, Hugendubel/Diedrichs, 2000.

Paungger, Johanna e Thomas Poppe, *Salute e benessere in armonia con le fasi della luna*, Milano, TEA, 1997.

Paungger, Johanna e Thomas Poppe, *Servirsi della luna con il calendario lunare 2001-2007*, Milano, TEA, 2001.

Rogers, Kathrine, *The Cat and the Human Imagination. Feline Images from Bast to Garfield*, The University of Michigan, 1998.

Rousselet-Blanc, Pierre (a cura di): *Knaurs großes Handbuch der Katzen*, Monaco, Droemer Knaur, 1997.

Rüsen, Jörn e Anette Kuhn (a cura di): *Frauen in der Geschichte II. Sozialgeschichte der Frauen vom frühen Mittelalter bis zur Gegenwart*, Düsseldorf, 1982.

Schäfer, Martina, *Die magischen Stätten der Frauen. Reiseführer durch Europa*, Monaco, Hugendubel/Sphinx, 2000.

Schimmel, Annemarie, *Die orientalische Katze. Mystik und Poesie des Orients*, Friburgo, Herder, 1991.

Waleffe, Pierre, *Freude mit Katzen*, testo di Pola Weiss, Ginevra, Edition Minerva, 1970.

Walker, Barbara G., *Das geheime Wissen der Frauen. Ein Lexikon von Barbara G. Walker*, Monaco, dtv 1995.

Walker, Barbara G., *Die geheimen Symbole der*

Frauen. Lexikon der weiblichen Spiritualität, Monaco, Hugendubel/Sphinx, 1997.

Indice